中等职业学校酒店服务与管理类规划教材

会议服务

（第 2 版）

■高永荣　主编

清华大学出版社
北　京

内容简介

"会议服务"作为酒店服务与管理专业的专业课程,主要着眼于提高学生从事会议现场服务的能力。本教材在编写中以能力为本位、以合作学习理论为指导,通过任务驱动来完成单元的学习与体验,通过真实的、具体的实际工作任务学习相关知识、体验岗位技能、培养职业素养、提高会议服务的能力,编写体例上采用"任务——活动——信息页——案例分享——知识链接——任务单——任务评价"的方式展开,涵盖了走进会议服务、体验会议服务、会议策划等内容。

本教材可作为中等职业学校酒店服务与管理等相关专业的教材,也可供相关岗位培训以及对会议服务感兴趣的读者参考使用。

本书封面贴有清华大学出版社防伪标签,无标签者不得销售。
版权所有,侵权必究。举报:010-62782989,beiqinquan@tup.tsinghua.edu.cn。

图书在版编目(CIP)数据

会议服务 / 高永荣 主编 . —2版 . —北京:清华大学出版社,2019(2024.8 重印)
(中等职业学校酒店服务与管理类规划教材)
ISBN 978-7-302-51973-7

Ⅰ.①会… Ⅱ.①高… Ⅲ.①会议—组织管理学—中等专业学校—教材 Ⅳ.① C931.47

中国版本图书馆 CIP 数据核字 (2019) 第 295528 号

责任编辑:王燊娉 张雪群
封面设计:赵晋锋
版式设计:方加青
责任校对:牛艳敏
责任印制:丛怀宇

出版发行:清华大学出版社
网 址:https://www.tup.com.cn, https://www.wqxuetang.com
地 址:北京清华大学学研大厦 A 座 邮 编:100084
社 总 机:010-83470000 邮 购:010-62786544
投稿与读者服务:010-62776969, c-service@tup.tsinghua.edu.cn
质 量 反 馈:010-62772015, zhiliang@tup.tsinghua.edu.cn
印 装 者:三河市龙大印装有限公司
经 销:全国新华书店
开 本:185mm×260mm 印 张:9 字 数:186千字
版 次:2011年10月第1版 2019年4月第2版 印 次:2024年8月第8次印刷
定 价:49.00元

产品编号:080468-02

丛书编委会

主　　任：田雅莉
副 主 任：邓昕雯　林　静　汪珊珊
顾　　问：俞启定　许　宁
成　　员：杨秀丽　姜　楠　郑春英　王利荣　王冬琨
　　　　　龚威威　荣晓坤　高永荣　徐少阳　王秀娇
　　　　　赵　历　孙建辉　姚　蕾

丛书序

以北京市外事学校为主任校的北京市饭店服务与管理专业委员会，联合了北京和上海两地12所学校，与清华大学出版社强强联手，以教学实践中的第一手材料为素材，在总结校本教材编写经验的基础上，开发了本套《中等职业学校酒店服务与管理类规划教材》。北京市外事学校是国家旅游局旅游职业教育校企合作示范基地，与国内多家酒店有着专业实践和课程开发等多领域、多层次的合作，教材编写中，聘请了酒店业内人士全程跟踪指导。本套教材的第一版于2011年出版，使用过程中得到了众多院校师生和广大社会人士的垂爱，再版之际，一并表示深深的谢意。

近年来，酒店业的产业规模不断调整和扩大，标准化管理不断完善，随之而来的是对其从业人员的职业素养要求也越来越高。行业发展的需求迫使人才培养的目标和水平必须做到与时俱进，我们在认真分析总结国内外同类教材及兄弟院校使用建议的基础上，对部分专业知识进行了更新，增加了新的专业技能，从教材的广度和深度方面，力求更加契合行业需求。

作为中职领域教学一线的教师，能够静下心来总结教学过程中的经验与得失，某种程度上可称之为"负重的幸福"，是沉淀积累的过程，也是破茧成蝶的过程。浮躁之风越是盛行，越需要有人埋下头来做好基础性的工作。这些工作可能是默默无闻的，是不会给从事者带来直接"效益"的，但是，如果无人去做，或做得不好，所谓的发展与弘扬都会成为空中楼阁。坚守在第一线的教师们能够执着于此、献身于此，是值得被肯定的，这也应是中国职业教育发展的希望所在吧。

本套教材在编写中以能力为本位、以合作学习理论为指导，通过任务驱动来完成单元的学习与体验，适合作为中等职业学校酒店服务与管理专业的教材，也可供相关培训单位选作参考用书，对旅游业和其他服务性行业人员也有一定的参考价值。

这是一个正在急速变化的世界，新技术信息以每2年增加1倍的速度增长，据说《纽约时报》一周的信息量，相当于18世纪的人一生的资讯量。我们深知知识更新的周期越来越短，加之编者自身水平所限，本套教材再版之际仍然难免有不足之处，敬请各位专家、同行、同学和对本专业领域感兴趣的学习者提出宝贵意见。

2019年1月

前 言

众所周知,我国的中职教育脱胎于普通教育,主要以教师讲授为主,因此,学生个体的主观能动性未能得到充分发挥。在新的历史条件下,以往的教学模式已不能完全适应现代教育教学的需求。现实的教学必须转移到以职业能力培养为核心的轨道上来。因此,建立面向职业、贴近岗位需求的课程体系,更新教材内容和教学方法是当务之急。正是在这样的理念引导下,我们对酒店服务与管理专业的教学模式进行了积极的探索,本教材也随之应运而生。参与编写的老师均为中等职业学校酒店服务与管理专业的一线骨干教师,在总结校本教材经验的基础上,以教学实践中的第一手材料为素材,开发了本教材。

当前酒店业的产业规模不断扩大,标准化管理不断完善,随之而来的是酒店业用人需求旺盛,而对其从业人员的职业素养要求也越来越高。"会议服务"作为酒店服务与管理专业的专业课程,主要着眼于提高学生从事会议现场服务的能力。《会议服务(第2版)》在编写中以能力为本位、以合作学习理论为指导,通过任务驱动来完成单元的学习与体验,通过真实的、具体的实际工作任务学习相关知识、体验岗位技能、培养职业素养、提高会议服务的能力。本教材编写体例上采用"任务——活动——信息页——案例分享——知识链接——任务单——任务评价"的方式展开。在单元起始设置具体的工作情境帮助学生明确任务目标;每个任务中通过活动设计,导入各类会议服务;信息页呈现学习内容的结构,以利于学生自主学习,并借助相关工作流程,在活动中突出对学生职业能力的培养;所编选的案例内容充分考虑学生的认知水平和接受能力,贴合工作实际;任务单的填写能够帮助、引导学生主动参与教学全过程;学生个人、同伴和老师的多元评价方式较之以往凸显了评价的过程性。同时,在完成工作任务的过程中,本教材还注重学生职业道德与职业规范的养成教育,力求提高学生的综合职业素养。

本教材由高永荣担任主编,其他参与编写的还有张洁、姚卫、吴颖、孙纯、祁瑞、薛梅、杨秀丽等。教材编写过程中参考了很多文献,还得到了相关专家和同行的大力支持,在此一并致以最衷心的谢意。

当今世界,社会进步一日千里,知识更新的周期越来越短,加之编者水平所限,本教材不足之处在所难免,敬请读者提出宝贵意见和建议,以使本教材日臻完善。

编 者

2019年1月

目 录

单元一 走进会议服务

任务一 了解会议 2
活动一 了解会议的含义与特点 2
活动二 搜集会议的类型 8
任务二 了解会议服务的任务与内容 10
活动一 了解会议服务的任务 11
活动二 会议服务的岗位职责及服务规程 13
活动三 对会议服务人员的行为要求 15

单元二 体验会议服务

任务一 各类代表会议服务 22
活动一 了解各类代表会议的特点 22
活动二 接受任务和会前准备工作 23
活动三 茶歇服务 25
活动四 会场内服务 30
活动五 厅室服务 32
活动六 主席台座次安排 34
活动七 主席台服务 35
任务二 会见服务 39
活动一 了解会见分类 40
活动二 会见前的准备工作 41
活动三 会见的座次安排 43
活动四 会见的服务规程 44
任务三 会谈服务 47
活动一 了解会谈活动的特点 48

活动二	会谈厅的布置	48
活动三	会谈用品的配备和摆放	50
活动四	会谈的座次安排	51
活动五	会谈的服务程序	53

任务四　签字仪式服务 56
活动一	了解签字仪式	57
活动二	签字仪式的安排	59
活动三	签字仪式的服务规程	62

任务五　座谈会服务 66
| 活动 | 座谈会服务 | 67 |

任务六　工作会议服务 69
| 活动 | 工作会议服务 | 69 |

任务七　典礼仪式服务 72
活动一	掌握开幕式的程序	73
活动二	掌握闭幕式的程序	75
活动三	掌握颁奖仪式的程序	77

任务八　视频会议服务 79
活动一	远程电话会议	80
活动二	远程电视电话会议	81
活动三	远程计算机网络会议	83

单元三　会议策划

任务一　会议设计 88
| 活动一 | 会场装饰设计 | 88 |
| 活动二 | 会议服务环节设计 | 100 |

任务二　会议策划 103
活动一	会议主题策划	104
活动二	会议日程安排	106
活动三	会务安排	109

参考文献 129

单元一

走进会议服务

会议是人类社会自古以来就有的一种社会现象,在现今社会生活中,各类会议活动更是随处可见,已经成为一种经常性的社会活动形式。会议是现代社会政治、经济、文化、军事、外交、管理等方面的重要活动形式和手段。人们通过会议交流信息、集思广益、研究问题、作出决定、部署工作、协调人际关系、联络感情、解决矛盾等,从而推动社会的不断发展。

任务一 了解会议

工作情境

2008年5月12日,发生在中国四川的一场始料不及的大地震造成了难以估算的生命和财产损失,中央政府和各地区领导部门为此召开了一系列的紧急会议。这些会议原不在计划之内,但会议目的却相当清晰,那就是要协同各省市、各地区、各部门共同研讨抗震救灾的办法和对策,部署、协调各地区、各部门迅速开展救灾救援的工作。由于会议开得及时、开得富于效率,因此整个抗震救灾工作开展得有条不紊,在国际上也赢得了许多的赞许和认可。

具体工作任务

- 了解会议的含义与特点;
- 搜集会议的类型。

活动一 了解会议的含义与特点

从上面的工作情境中,我们可以感受到会议的重要性。那么,究竟什么是会议呢?它有着怎样的特点呢?就让我们一起来了解一下吧!

信息页一 会议的含义

从字面含义上看,"会议"一词中的"会"有聚集、见面、会合等含义,"议"是商议、讨论的意思。

人们在一定时间内,有目的、有组织地把相关人员召集起来,通过讨论商议,集中集体的智慧来认识问题、解决问题而举行的活动,就是会议。

会议是一种围绕特定目标进行的、以口头发言或书面交流为主要方式的、有组织有计划的商议活动。

单元一　走进会议服务

一般而言，会议通常包含8个基本要素，如表1-1-1所示。其中，举办方、与会者、议题和结果是会议的最基本要素。

表1-1-1　会议的组成要素

序号	要素	详解
1	举办方	也称会议的发起人或东道主。现在一些较大型的会议还有主办方、承办方、协办方之分，都是其会议的举办方，只是分工不同而已
2	与会者	参加会议的成员，是会议的主体。与会者一般依会议涉及的范围和内容而定，会议的大小根据与会者的多少或领导层次的高低来判断
3	议题	根据会议目标确定并提交会议讨论或解决的具体问题，是会议活动的必备要素。举行会议要明确"为什么而议"和"议什么"
4	名称	一般指会议的主要议题和会议类别。常见的会标，实际上表达了会议的名称
5	方式	指用以达到会议效果的一些会议样式、采用的手段
6	时间	会议日期或召开会议的具体时间
7	地点	会场所在地。大型会议还有主会场、分会场等
8	结果	会议结束时实现会议目标的程度，是会议期望最终达到的效果

任务单一　了解会议的基本要素

请填写会议的最基本组成要素，完成下面的表格。

序号	基本要素	详解

案例分析：优秀企业成功经验高层研讨会简报

由中国企业联合会和企业家协会主办、北京××文化传播有限公司协办的"优秀企业成功经验高层研讨会",于2001年7月19日在青岛海尔国际培训中心隆重开幕,会期4天。会议邀请到美国通用电气公司、摩托罗拉公司、海尔公司的高层领导参加,同时也邀请了一些知名企业的董事长、总经理、企业高级经营管理人员,还邀请了一些专家和学者一起参加会议。大家济济一堂,探讨了"企业管理本质、新技术与企业战略",也分享了海尔文化与管理理念。会议主要采用了参观考察海尔工业园,详细了解海尔的发展历程与企业文化理念,了解海尔的车间管理、工作管理、资本管理、资源管理、市场管理、文化管理、物流管理、领导行为管理、员工班组管理等理念;与一些企业高层领导就"现代企业股权激励机制设计"等课题进行研讨;以及与海尔人对话等形式进行。会议举行得非常成功。

请结合案例分析会议的基本组成要素。

信息页二　会议的目的

近年来,随着我国现代化建设的持续发展和社会、经济活动的日益频繁,人们召开的各种会议和举办的各类与会议相关的活动也日益增多,这大大推动了各项工作的开展,促进了各项事业的进步与发展。但一般而言,会议的目的可概括为以下几个方面,如表1-1-2所示。

表1-1-2　会议的目的

序号	目的	详解
1	开展有效的沟通	通过会议进行充分交流,集思广益,实现有效沟通是会议的一个主要目的。例如,某市的科研交流会、跨企业的技术交流会等
2	传达资讯,资源共享	通过会议通报一些新决定、新决策,使更多的人了解来自上级或其他部门的相关资讯。也可以利用开会汇集资源,以期相互帮助、相互促进、共同进步,例如学术报告会

(续表)

序号	目的	详解
3	监督员工，实施管理	许多公司和部门召开的常规会议、工作例会等，其实是其实施管理的手段之一。通过这类会议，领导层可以及时了解、跟进工作的进度，可以及时掌握员工的工作状况，可以及时调整、部署下一阶段的工作任务等
4	协调矛盾，达成协议	人们经常会借助会议这种"集合"的、"面对面"的形式来协调上下级的紧张关系或员工之间的矛盾冲突，最终使大家统一思想，达成共识。例如，商务谈判会议、班级组织的班会、部门工作会议等
5	集思广益，开发创意	会议相较于其他沟通方式，一个显著的优点就是它将众多的人聚集在一起，就某个问题互相交流认识、经验、对策。这种集体的智慧常常比一个人的思考要科学、全面得多，而且更能解决问题，充分发挥人的主观能动性，推动事物更好地发展

任务单二　小组讨论、搜寻资料完成以下任务

案例分析：定期深入一线，倾听员工呼声

　　上海巴士集团工会建立的定期与员工对话制度，成为企业与员工沟通交流的一个重要平台。自2004年以来，巴士集团工会共深入一线召开座谈会17次，出席会议的员工达360余人。为了达到实际效果，每次座谈会都采取提前公布、员工自愿报名的方式，出席人数一般在20人左右。出席会议的员工十分珍视这种对话的机会，总是提前就座谈的课题和内容广泛征求身边同事的意见。在座谈会上集中反映员工的心声，内容涉及车辆修理、营运管理、干部作风、收入分配和奖励考核等方面。目前，一线座谈会已经成为工会的"必修课"，在集团工会的积极推动下，巴士集团各成员单位工会都已建立定期到一线与员工对话沟通的机制。

　　请结合案例分析会议的目的。

信息页三 会议的特点

现代的会议种类很多，其共有的特点如表1-1-3所示。

表1-1-3 会议的特点

序号	特点	详解
1	目的性	会议是为了某一明确的目的而开展的活动。举行会议是有明确目的的，有的是布置任务、落实措施，有的是贯彻政策、互通信息，有的是总结工作、交流经验，还有的是为了宣传教育、表彰先进。比如，举行各级人民代表大会就是为了使各级国家权力机关及时、充分地发挥其职能，实现国家法制化和决策民主化。又如，2005首届中国旅游景区管理经验交流会的目的是为了帮助旅游业行政管理人员、旅游景区管理人员和相关理论研究者更深入、更集中地了解国内旅游景区的现状和发展趋势，为解决景区可持续发展过程中出现的前沿问题搭建互动平台，从而使景区更快、更健康地发展
2	组织计划性	会议活动不仅要有明确的目标，而且要有一定的组织和计划。一般会议都会有主持人，一些大型的会议有时还要设立会议组织机构，包括主席团、秘书组、会务组等。组织一场会议，常常要经过确定会议目标、制定会议议题、选择会场、确定会议时间等一系列程序。会议活动只有具备高度组织性，才能使会议有序地进行，从而实现会议的目标
3	群体沟通性	会议是一种至少有3人参加的群体沟通活动。随着科技的迅猛发展，人们的沟通方式愈来愈多，可以通过电话、E-mail、多媒体等各种形式进行，但面对面的群体沟通是其他任何沟通方式都难以代替的，因为这种方式最直接、最直观，也最符合人类原本的沟通习惯
4	交流方式多样性	传统的会议是以口头交流为主、书面交流为辅的活动方式，但是根据现代会议所采用的交流方式来看，在会场上还可以运用图表、多媒体、影视或录像等方式进行交流。会议是一个集合的载体，大家聚集在一起共同讨论、交流。通过会议使不同的人、不同的想法汇聚一堂，相互碰撞，从而产生新想法、新思路，许多高水准的创意就是开会期间不同观念相互碰撞的产物

任务单三　熟悉会议的特点

案例分析：卓有成效的内部会议

××公司是一家新兴的高科技企业，经过几年的努力，已在华东地区、华中地区成立了多家分公司。当初公司刚刚组建时，公司总经理就曾希望能打造一支优秀的管理团队，让集体的智慧发挥作用，避免出现个人决策的随意性及失误。为此，××公司几乎每个星期都要召开一次跨区域的网络会议。在会议上，总部各部门的经理、总监都要跟各分公司的经理、总监进行沟通和交流。在会上，大家一起讨论某件事情做还是不做、怎么做、先做什么、再做什么，经过多次讨论之后才形成一个集体决议。因为是员工自己认同的，因而能够激励员工更好地做事。这种决策集合了上上下下全体员工的智慧，而不是公司个别领导坐在办公室里，拍拍脑袋决定的。凭借其独特的管理方法，公司团队越来越具活力，公司发展也越来越红火。

根据案例分析会议的特点，在各组间交流。

_____
_____
_____
_____
_____
_____
_____
_____

案例分析：迷茫的李秘书

小李大学毕业后，应聘到一家公司做行政秘书。有一次，公司准备召开"管理培训会议"，会议的组织安排工作自然就落在小李身上。小李一时傻了眼，虽然是从名牌大学中文系毕业，但是他对会议策划组织方面的知识，对于会议的重要性、多样性以及复杂性却不甚了解，无从下手。于是，小李到办公室虚心向一位经验丰富的老秘书求教。老秘书听后耐心地告诉小李：秘书工作主要是"三办"，即办文、办会、办事，所以，根据会议不同的要求、目的，搞好会务工作是秘书的一项经常而又重要的工作。一般来说，遇到公司要开会，秘书应弄清楚开什么会，确定怎么开会和选择开会时间和地点，还应考虑参会人员名单等。会议具有多样性，不同的会议，就会有不同的会议组织工作。即使是摆放桌子，要求也不一样，像小型日常办公会议，就可以摆放成椭圆形或"回"字形；如果是一些茶话会、宴会等，一般可摆放成"星点形"。一些大型会议还需要做好会前的策划准备工作、会中的服务工作和会议的善后工作，环节较多，也比较复杂，所以也就要求秘书尽量策划周密、服务到位……小李听后茅塞顿开，积极地去筹备会议了。

根据案例及自己的理解，说说什么是会议服务？会议有哪些特点？召开会议的目的有哪些？

_____
_____
_____
_____
_____
_____

活动二 搜集会议的类型

你知道会议有哪些类型吗？你都听到过、看到过、参加过哪些会议呢？让我们一起来交流一下吧！

信息页 会议的类型

会议是一种目的性很强的社会交往活动，会议的筹划和实施均围绕着会议的目的和主题来进行。会议的类型很多，各有不同的作用，如表1-1-4所示。会议的应用十分广泛，掌握会议的类型，有助于正确地发挥会议的作用。

表1-1-4　会议的类型

划分项目	划分结果
按规模划分	有几人到十几人参加的小型会议；上百人的中型会议；上千人的大型会议；上万人的特大型会议等
按地域划分	有国际性会议、全国性会议、区域性会议、单位性会议、街道会议、家庭会议等
按内容划分	有在一次会上要讨论研究多方面问题的综合性会议；有专题性会议，比如专题讨论会、学术会议等
按形式划分	有有聚有议的会议，比如代表人会议、讨论会；有有聚不议的会议，比如报告会、表彰会等
按目的划分	同一个会议常包含一个或多个目的，比如研究会议、招商会议、观摩会议、促销会议等
按性质划分	有法定性会议，比如各级人民代表大会；非法定性会议，比如咨询会议、总结交流会、培训会、协调会等

任务单　小组讨论集思广益会议的类型

案例：××集团的会议

　　××集团组织机构庞大，日常业务流程复杂，现有的管理模式已不能满足有效、快捷地处理企业经营中产生的大量信息数据的需求，如何根据市场竞争的要求改善公司内部沟通，满足外部的市场竞争需求？××集团最终决定采用视频会议来加强企业内部信息的共享性、信息流动的时效性，从而提升企业管理效率，达到企业内外资源的最大化利用和最优化配置。在××集团的重大生产、决策过程中，视频董事会会议起到了不可替代的作用。通过这一套先进的视频会议系统，分布在各地的董事会成员可以直接面对面沟通，商议公司年报、应对危机以及其他内部事务，使公司的一切运行顺畅平稳；同时，在××集团公司总部和分部工厂能够同步举行管理层会议，有效地整合了生产销售能力。

　　结合案例，分析会议的类型并进行组间分享。

　　请将你知道的会议类型写在下面的横线上。

_____
_____
_____
_____
_____
_____
_____

任务评价

评价项目	具体要求	评价			建议
		😊	😐	😞	
了解会议的含义与特点	1. 会议的基本要素				
	2. 用实例说明会议的目的				
	3. 用实例说明会议的特点				
	4. 搜寻会议的种类				
学生自我评价	1. 准时并有所准备地参加团队工作				
	2. 乐于助人并主动帮助其他成员				
	3. 遵守团队的协议				
	4. 全力以赴参与工作并发挥了积极作用				
小组活动评价	1. 团队合作良好,都能礼貌待人				
	2. 工作中彼此信任,互相帮助				
	3. 对团队工作都有所贡献				
	4. 对团队的工作成果满意				
总计		个	个	个	总评

在了解会议的含义与特点的学习中,我的收获是:

在了解会议的含义与特点的学习中,我的不足是:

改进方法和措施有:

任务二 了解会议服务的任务与内容

工作情境

学生甲在毕业时成功地应聘到××单位担任会议服务工作,他既欣喜又担忧。欣喜的是能到这么知名的单位工作,担忧的是怕自己不能胜任这份工作。这时,他下定决心开始补习专业知识,从基础学起。

单元一 走进会议服务

具体工作任务
- 了解会议服务的任务；
- 了解会议服务的岗位职责及服务规程；
- 了解对会议服务人员的行为要求。

活动一 了解会议服务的任务

当我们接到一个会议服务的任务时，应该做些什么呢？让我们一起来了解一下吧！

信息页一 会议服务的任务（如表1-2-1所示）

表1-2-1 会议服务的任务

序号	服务任务	详解
1	为保障会议顺利召开提供服务	会议接待通过妥善、周到、耐心、细心的安排，给与会者提供多项便利条件，为其解除后顾之忧，以便能够全身心地投入工作之中，从而保证会议活动的高质高效，开有成果，达到预期的目标。会议服务就是要通过安全、满意的服务，确保会议的成功召开以及各类活动的圆满举办
2	为与会者提供全过程服务	接待的过程就是服务的过程，24小时的咨询服务，全天候的迎来送往，达到会议所期望的目的。让与会者在物质和精神方面都得到满足，这是会议服务的一项重要任务。物质满足主要是指为与会者提供更具现代化、科学化的会议场所和充足的后勤供应等硬件。精神满足主要是指对优质服务的认同感。优质服务是通过服务员标准、得体的语言交流，让与会者时刻感到亲切；通过服务员细致、周到的安排使与会者高兴而来、满意而去，获得满足感；通过服务员有针对性的服务，使与会者难以忘怀，这种良好的心理感受就是精神文明成果的体现
3	确保与会者的安全	与会者的安全是会议活动的根本保障。会议服务人员要加强会议、住所等场地的安全保卫、治安消防工作以及交通安全。大型会议应请交管部门协调配合，一些高层会议还应设有警卫措施；要满足会议的保密要求，严格遵守保密纪律；要重视饮食卫生，避免发生食物中毒事件；搞好会议场地及周边环境的清洁卫生，大型会议要为与会者配备专职医护人员或指定求医地点，提供安全、卫生、方便的就医场所

案例分享

某公司承接了一个有关远程教育的会议，且会议安排在北京某家四星级酒店。当时，中央八套正在热播电视连续剧《雍正王朝》，非常不巧的是，酒店的电视没有该频道的设置。一位代表因为不能收看该剧，在酒店大堂对会务组的工作人员大发雷霆。按理来说，没有任何一个条款对四星级酒店的电视节目设置有硬性的规定，一定要能收到某个电视节目，这也不在会务组的工作范畴之内。但如果会务组只是生硬地去对客人解释，恐怕不仅不能解决问题，还会火上浇油。因此，会务组工作人员采取了以下处理方式：首先，承认他们在酒店的细节把握上存在一定的疏忽，安抚该代表的激动情绪；其次，承诺一定妥善地解决此事，并请该代表先回房间耐心等待；随后，派工作人员到最近的音像店购买了一套《雍正王朝》的碟片，并通过酒店相关部门的协调后借到一台VCD机，一并送到该代表的房间。

当会务组完成这些工作后，该代表的脸上流露出非常意外的神情，他为自己之前的冲动情绪表示歉意。之后，他一直积极参与会议的各项安排，并主动提出愿意协助会务组做一些力所能及的协调工作。会议结束离开酒店前，他将买碟片的费用如数付给了会务组，并特意致函会议的主办单位，再次表达自己的歉意和感激之情。他认为会务组的这种耐心、细致的处理方式在一定程度上体现了对每一位代表的重视程度，并明确表示会继续参加主办单位以后的相关活动。

信息页二 会议服务的内容

会议服务是围绕会议或者活动的整个过程而进行的，一般会议的服务内容由接待、住宿、会间、餐饮等几部分组成。因此，会议服务的内容主要体现在会议服务与会议接待两方面。一般来讲，接待工作主要在两头，而会议服务在中间，它们是一个整体，哪一环都不能脱节或忽视，如表1-2-2所示。

表1-2-2 会议服务的主要内容

会前准备	会议通知、会场布置、会议编组、证件制发、交通接送、安全保障等
会间工作	人员签到、迎候入座、文件印发、会议记录、参观引导、会场调度、现场指挥、生活服务等
会后收尾	票务安排、文件清退、财务结算、会场清理等

知识链接 国际机构会议服务

国际机构会议服务部门设有"会议官员"（Conference Officers），这些人员要通晓外语，熟悉国际会议的程序，一般都要经过专业培训。他们做的似乎都是一些具体的服务工作，但却是保证会议顺利进行不可缺少的环节。其服务范围，一般包括以下内容。

（1）会议开始前检查灯光、室温、卫生、名牌、桌椅、纸笔、饮水杯、投影设备、同声传译等是否均已符合要求。

（2）负责会前注册登记，包括签到和领取代表证件、会议文件及纪念品等。

（3）检查与会人员证件；会议开始后，清退非与会人员和非邀请人员。

(4) 迎接嘉宾，引导代表等至指定席位。

(5) 记录会议的进行过程及代表的发言内容。

(6) 对要求发言的代表进行登记，及时将名单按报名先后顺序送交会议主持人或会议秘书。注意记录代表的姓名、所代表的国家或机构及发言顺序的先后要求。

(7) 在场内分发代表发言稿、声明、提案草案、修正案稿等。发言稿通常在该代表发言期间分发，如稿件未到，可在主持人发言小结时分发，或在下次会议开始前分发；为保证记录的准确性，如代表系临时发言且有手稿，可在其发言后向其暂借，复制后随即归还。

(8) 随时准备提供必要的会议文件及有关资料，供讨论时参阅。

(9) 处理会议期间所发生的事务，提供其他所需的服务。

现代的会议服务工作内容很繁杂，涉及的范围很广泛，从接洽到接站、咨询、会前招待、会间服务、餐饮招待、环境介绍、设备使用、参观游览、车船订票等，以及所有需要帮助解决的困难或者其他有特殊需要的服务工作。所以，会议服务工作是全方位、立体化的过程服务。

任务单　列举会议服务的主要内容

会前准备
_____

会间工作
_____

会后收尾
_____

活动二　会议服务的岗位职责及服务规程

会议服务的岗位职责与服务规程，因各单位会议服务范围、内容、要求的不同而各异。作为会议服务的工作者，我们都有哪些职责呢？

信息页一　岗位职责

(1) 服从会议主管的领导，确保各类会议的接待和组织活动的顺利完成。

(2) 根据会议接待单的相关内容，配合会议主办方做好会场布置及会议前期的各项准备工作，做好会前的物品准备。

(3) 检查会场设施设备，保持设备的完好、有效。会前消除隐患，排除故障。

(4) 做好会议接待工作。

(5) 遵守服务程序和服务规范，热情、主动、有礼貌地接待客人，细致周到地做好会议的各项服务工作。

(6) 加强责任心，会议或接待途中不得擅自离岗做职责以外的事情，同时负责各会议室之间的协调配合工作。

(7) 做好会中服务和会议期间各项记录，确保会议有序进行。

(8) 以认真负责的态度，处理会议期间各项应急事件。

(9) 保证会议用具的清洁卫生，协助做好饮食卫生服务。

(10) 严格遵守各项规章制度和保密制度。

信息页二 服务规程

一、会前准备

(1) 会前一小时，会议服务员打开会议场所门，灯光、空调按主办单位要求做好准备。

(2) 会场管理员提前一小时到场再次检查，及时协助业务部门做好与主办单位的沟通，处理相应问题。再次检查设备，开启音响。

(3) 会议前一小时打开空调。室内温度调控为：冬季19～22℃，夏季22～25℃。

(4) 会议服务员应在会前一小时按要求着工作服上岗，站在会场入口的显要位置，面带微笑，指引客人进入会场。

(5) 分别为主席台人员和与会的其他重要宾客分发小毛巾或湿纸巾，斟倒茶水。

(6) 规范操作：斟茶时，先主位，再副主位，依次类推，前排以后可以从一侧开始依次倒茶水；倒水时，要站在与会者右后侧，将茶杯盖翻放在桌上，以确保卫生；然后拿起杯子倒水，茶杯要拿到与会者身后斟倒，以免挡住与会者的视线；主席台上配置矿泉水时，要根据主办单位的需要配置相应水杯。

二、会中服务

(1) 会议开始时，关闭各通道门。

(2) 会议服务人员必须根据要求，自始至终站立在会场内的合适位置待命，不得擅自离场。若因会场面积限制或会议保密需要，服务员应待立会场门外。

(3) 会议进行中，第一次续水一般在会议开始后20分钟，以后一般30分钟添水一次，主要根据主办单位的情况而定。添加茶水时要动作敏捷、轻盈，尽量不发出声音。

(4) 主席台人员如超过半小时未饮用茶杯内的茶水，应根据需要更换一杯新的热茶水。使用演讲台时，每更换一次演讲人，需更换一次茶杯或水杯，更换时要使用托盘。

(5) 会中休息或休会期间应进行简单保洁，撤去空瓶，更换新的矿泉水，但不得翻动主办单位的文件资料。

三、退场服务

(1) 会议结束时及时拉开各通道门。

(2) 指定部分会议服务人员站在主通道门前，为与会人员送行，并照顾年老体弱的参会人员退场。指定另一部分会议服务人员及时检查现场有无遗留物品，如文件等，一经发现，及时送还。检查会场物品完好情况，发现问题要及时处理。

(3) 参会人员离开后，服务员开始着手清场工作，关掉大部分的照明灯，只留适当的灯光供清场用。

(4) 撤走会议桌上的所有器皿，并送洗、消毒。

(5) 清洁四周护墙及地面，清理地毯，如地毯有污垢，立即安排保洁员清洗。

(6) 落实安全措施，关闭水阀，切断电源，锁好会议厅室所有门窗，由当班负责人做完最后的安全防患复查，落实会议室各项安全防患工作，方可离岗。

任务单　列举会议服务的岗位职责

_____
_____
_____
_____

活动三　对会议服务人员的行为要求

如果你想成为一名会议服务的工作人员，那么你知道对会议服务人员的行为要求吗？

信息页　对会议服务人员的行为要求

会议服务人员诚恳热情的态度，热情、友好的言谈举止，关心、周到的服务，会使与会者产生一种温暖、愉快的感觉。会议接待服务是典型的社交礼仪活动，务必以礼待人，体现素养，讲究礼仪。会议接待服务的内容具体而又烦琐，涉及许多方面，要按照领导的意图和会议的要求，精心组织、统筹协调、内外照应、有条不紊。会议接待服务人员要严格遵守安全保卫工作的规章和工作规程，防止各类危害与会人员的事故发生，做好会议保密工作。

为使会议服务工作有据可依、有章可循，以下从政治、语言、交际、心理、保密等方面制定了会议服务人员必须遵循的行为基本要求，如表1-2-3～表1-2-7所示。这些基本要求，是各单位会议服务人员在岗位期间实施服务工作的基本准则，要求每一位服务人员都必须认真对待、严格遵守。

表1-2-3　政治行为基本要求

拥护政府、爱岗敬业	会议服务人员大多是党政组织、人民团体、企事业单位主要领导机关的工作人员，必须认真地维护各级组织领导机关的声誉，不得有反对领导机关的言论、举动，不得支持反政府集会、游行等活动。热爱机关、热爱本职工作，能钻研服务技能、技艺，具有埋头苦干、默默奉献的精神
服从组织、服从领导	服从组织、服从领导是会议服务人员必须遵守的组织纪律，是政治行为规范的重要组成部分。会议服务涉及面广、领导层次多，这一服务性质决定了会议服务人员在工作中必须遵守"三服从"要求，即"下级服从上级、个人服从组织、局部服从大局"
遵守法律、服从政令	会议服务人员要自觉地学习法律知识和法规常识，增强法制观念，提高执行法规的自觉性。会议服务人员在服务工作中，必须在法律和政令允许的范围内活动。在任何时候都要坚决服从命令，严格做到令行禁止，不论其情况如何特殊，都不能有任何不接受政令的行为。任何时候都不能不受政令的约束，任何情况下都不能不执行政令通告

表1-2-4　语言行为基本要求

使用服务用语	是完成各项工作、提供最佳服务的基本条件，是感情服务不可缺少的媒介。优美的语言会令客人感到满意，同时能使企业获得较高声誉，因此，语言交际是每一位服务人员都应具备的第一项工作要素
语言标准简洁	会议服务人员要能熟练地掌握和使用普通话，基本达到标准化、规范化。还应该根据需要练习并掌握一些汉语方言、外语等。接待语言确切简洁，可提高会议服务工作效率
合乎逻辑	与会人员来自各地，语言表达方式各有不同，会议服务人员的语言表达要规范化，具有逻辑性，回答问题、提供咨询、请示工作、解答原因要条理清晰、思路清楚、目的明确、层次分明、时机恰当
注意场合	语言要简练清楚、礼貌文雅，在客人思考问题或是与朋友交谈时，征得许可，方可与其讲话
掌握好语音、语气、语调、语速	语音应以低音为主，做到吐字清楚，语句清晰；语气应委婉含蓄，避免争执，善用幽默，掌握语言应变能力；语调要高低抑扬适度、委婉动听，要用诚挚、友好、热情、亲切等富有人情味的语调与客人讲话；语速要因人而异、快慢适中，根据不同的对象灵活掌握，恰到好处地表达
热情礼貌	是会议服务人员与他人交谈时的基本准则，也是会议服务人员在日常服务工作中必须认真掌握、时时处处体现的。要热忱回答与会者的每一句问话，对与会者不能使用否定句作回答，不清楚的要想办法给予解决或给予满意的解释

表1-2-5 交际行为基本要求

服从上级领导	会议接待服务人员必须服从上级领导。要按本企业的要求办事，如实地向领导报告工作，尊重和维护上级的威信，有问题要及时请示，增强工作的主动性，尽职尽责地做好分内的服务工作。要细心观察、善于分析，不断提高服务水平，遇到问题要敢于承担责任
尊重同事	要与同事友好相处，并以自己的情绪、语言以及得体的举止和友好的态度向对方表达友好相处的愿望，以增进彼此间的信任和友谊
协调友邻	会议接待服务是一项综合性工作，要靠各部门的共同努力来完成。尤其对于大型会议或活动，更是一项全局性的工作，因此，搞好友邻协调工作尤为重要。这就要求会议接待人员有大局观念，局部服从大局，从整体出发，不能只考虑本部门的利益。只有把整体利益放在第一位，才能协调好各部门之间的利益关系，共同把工作做好
客人到前台签到时	服务员要起立，热情接待。与客人说话，要自然大方，切忌态度生硬、语言粗鲁
酒店门口接待服务的顺序	原则上按照先主宾、后随员，先女宾、男宾的顺序，帮忙把行李送至签到台或前台，协助办理签到手续
日常工作中要保持环境安静	搬动家具或办公用品时要避免发出过大的响声。禁止大声喧哗、开玩笑、聊天、哼唱歌曲。应客人呼唤时不可声音过高，如距离太远则可点头示意，对扰乱室内安静的行为要婉言劝止
当客人有问题需要解决而到服务台寻求帮助时	服务人员要立姿与客人交流，语气温和，有耐心，双目注视对方，集中精神倾听。处理问题时，语气要委婉；当客人提出的问题不能解决时，不要轻易允诺，可表示向有关人员请示后作答复，并记下客人的联系方式，以便及时回答
举止要庄重、文明，无论站、坐，姿势都要端正	站时不要东倚西靠；坐时不要跷二郎腿、晃腿；交谈时不要用手中物品指着对方，也不要挠头、搔痒、剔牙；更不能边嚼口香糖边和客人交谈
陪客人乘电梯时	要伸手示意请客人先进电梯；对老弱病残者，要主动搀扶
有事要进入客人房间时	需先轻轻敲两下门或按两下门铃，如对方没有回应，则可以重复做一次；切记敲门和按铃不能过急。待对方开门允许后才可以进入房间，不能贸然闯进客人房间

表1-2-6 心理素质基本要求

敏锐的注意力	人类的心理活动伴随着个人注意力的集中而产生。注意力是指人对一定对象的心理指向和集中。国际管家协会主席威尼克尔斯先生举过这样一个例子：当一个人走进一间坐有十几个人的会议室时，在很短的5秒钟内他可以收集到十几条信息，但说出来的一定是特别引起他注意的信息，比如会议的台形，主持人是男性还是女性，主持人的着装风度及相貌等。这个测试说明，人们对着装、容貌特别关注。因此，会议服务人员在注意和观察客人或他人的时候，其本人也是客人或他人注意和观察的对象。会议服务人员的准确观察是为客人主动服务的基础，要努力培养准确、敏锐的注意力
较强的记忆力	记忆是人脑对过去经验的反映。记忆的基本过程包括识记、保持、再忆、回忆。会议服务人员除了记忆比较复杂的接待服务操作规程以及饭店设施、服务简介、景点、交通等问讯服务常识以外，还要熟悉回头客及老客户的相貌特征、单位及姓名等，并能积极主动地提供有针对性的服务
敏捷的思维能力	如果说记忆是人的认识过程的初级阶段，那么思维就是人的认识过程的高级阶段。人在认识外界事物时，不但能直接感知个别事物的表象，而且能够发现事物的本质和事物内在的、有规律的联系。会议服务人员要学会通过观察客人外表、职业、表情等信息，及时、准确地推断出客人的心理。我们常讲要学会揣摩客人心理，实际上就是观察、分析、推断客人心理的思维过程

(续表)

良好的情感自控能力	情感是人对客观事物的态度、体验和心理满足程度。情感和需求有着密切的联系。一般来说，能满足人们精神或物质需要的事物，都会使人产生肯定、积极、满意的情感。会议服务人员待客热情、彬彬有礼，会使客人感到非常满意。显然，这种满意的情感能够使客人得到精神和物质上的满足。服务人员有时处于激动状态，很难自制，表现出过激的动作和言辞；有时处于闷闷不乐的心境状态，对客人爱搭不理。当服务员与客人产生争执、口角时，多数正处于不良心境之中。会议服务人员应学会控制自己的情绪和心境，尤其要理智对待个性强的客人
坚强的意志	意志是人们为了达到预定的目标，自觉去克服各种困难的心理。意志品质表现在自觉性、果断性、自制性和坚毅性等4个方面。会议服务人员一方面受服务规程的约束，另一方面还要千方百计地为客人解决问题。这种控制性的行为举止就是意志自觉性、坚毅性的表现。会议服务人员会与各国、各地区、各阶层、各种身份及各种文化层次的客人接触，其意志是否坚强，对做好接待服务工作影响极大。因此，要勇于进取，培养良好的职业责任心、坚强的意志和良好的品质

表1-2-7 对保密行为的要求

进行安保检查	须在有安全保密保障措施的内部场所召开，不得在外资或中外合资宾馆及不具备保密条件的场所召开。会场的音像设备应符合保密要求，严禁使用无线话筒代替有线扩音设备。会场须安装会议保密机。制发会议证，凭证出入会场，无证人员不准进入
严格执行保密要求	会议开始时，会议主持人应对参会人员进行保密教育，宣布保密纪律和保密要求。未经会议主持人批准，不准录音、录像，经批准的录音、录像按会议同等保密级别管理。会议休息时，应指派专人看守会场。会议结束时，应对会议场所及与会人员房间进行安全保密检查，以防止丢失文件和资料。根据会议内容和需要，严格控制参会人员的范围。只需参加会议有关阶段的人员，不得参加会议的全过程，严禁无关人员列席或旁听
妥善保管会议文件资料	会议中使用的文件和资料要与会议主办单位做好交接手续，严禁乱堆、乱放；会议上的讲话未经同意，不得随便录音或复制。录音后的磁带要严格登记，妥善保存。不在不利于保密的地方存放会议文件和资料

任务单 请分析自己能否胜任会议服务工作

任务评价

评价项目	具体要求	评价			建议
		😊	😐	☹	
了解会议服务的任务与内容	1. 列举会议服务的主要内容				
	2. 列举会议服务的岗位职责				
	3. 能否胜任会议服务工作				
学生自我评价	1. 准时并有所准备地参加团队工作				
	2. 乐于助人并主动帮助其他成员				
	3. 遵守团队的协议				
	4. 全力以赴参与工作并发挥了积极作用				
小组活动评价	1. 团队合作良好,都能礼貌待人				
	2. 工作中彼此信任,互相帮助				
	3. 对团队工作都有所贡献				
	4. 对团队的工作成果满意				
总计		个	个	个	总评

在了解会议服务的任务与内容的学习中,我的收获是:

在了解会议服务的任务与内容的学习中,我的不足是:

改进方法和措施有:

单元二

体验会议服务

我们了解了会议的类型及对服务人员的素质要求,让我们一起来体验一下会议服务吧。

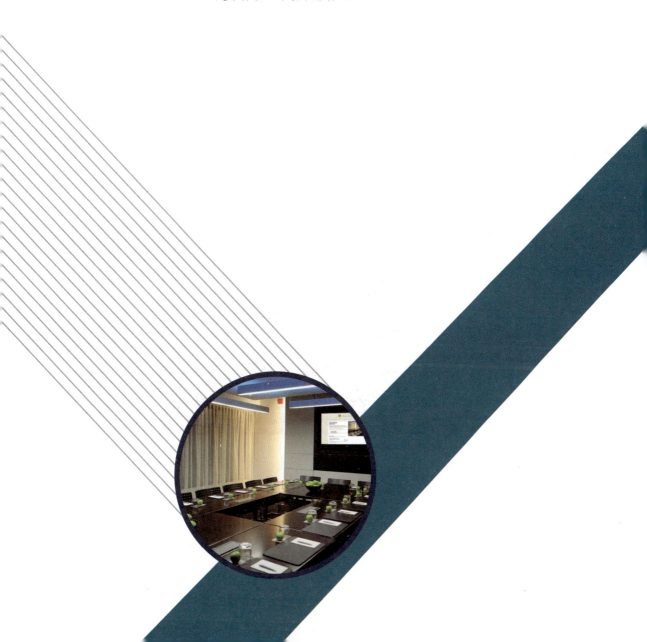

任务一 各类代表会议服务

工作情境

一年一度的两会如期在人民大会堂举行了,你作为两会服务者中的一员,请认真完成这次会议的服务工作。

具体工作任务

- 了解各类代表会议的特点;
- 接受任务和会前准备工作;
- 熟悉茶歇服务;
- 熟悉会场内服务;
- 熟悉厅室服务;
- 熟悉主席台座次安排;
- 熟悉主席台服务。

活动一 了解各类代表会议的特点

你知道两会吗?两会有什么特点呢?让我们一起来了解一下吧!

信息页 各类代表会议的特点

各级党政及人民团体举行的、由法定选举的代表参加的代表会议包括:各级党的代表会议、各级人民代表会议、各级政协会议、各级工会代表会议、各级共青团代表会议、各级妇女代表会议等。

这类代表会议的特点：规格高，场面隆重；政治性、保密性强；与会人数多，代表性广泛；会场使用范围广，持续时间长。

> **任务单** 以实例说明各类代表会议的特点
>
> 规格高，场面隆重：
>
>
> 政治性、保密性强：
>
>
> 与会人数多，代表性广泛：
>
>
> 会场使用范围广，持续时间长：

活动二 接受任务和会前准备工作

下面以全国性的代表会议为例，说明怎样进行各类、各级代表会议的服务，让我们一起来尝试一下吧！

信息页 接受任务和会前准备工作

全国性代表会议，一般能提前半个月或一个月接到任务通知。在接受任务后，需召开专门会议进行研究，并将具体任务分配落实到各有关单位。负责联系的值班室，要向有关方面详尽了解出席会议的人数、开会时间、会议日程、场地安排等具体要求，并将了解到的情况及时、详细地通报有关单位，着手进行各项准备工作。

会前的准备工作是大量的，而且对会议的服务质量有着至关重要的影响。准备工作虽然千头万绪，但也有规律可循，我们应抓住以下几个主要方面的工作任务和准备工作，具体如表2-1-1所示。

表2-1-1　工作任务和准备工作

工作任务	准备工作
制定切实可行的实施方案	大型会议的服务工作，必须先制定科学、可行的实施方案。制定实施方案时应注意几个问题：第一，要借鉴以前的业务资料，吸取那些已被实践证明是可行的方法和经验。第二，在借鉴已有经验的基础上，不断了解新情况、新要求和变化，研究新问题，制定相应的对策和措施，对短缺的人力和物力要及时向有关方面写报告要求增补
进行思想动员	各级领导要有组织、分层次地进行有力的会前动员。第一，反复宣传做好大会服务工作和安全保卫工作的重要性，重申会议服务工作纪律和要求，具体介绍会议的各种情况，明确交代任务和要求，并组织职工充分进行讨论。第二，做好细致的思想工作，并教育职工正确处理工作与个人的关系。第三，充分发挥党团组织的作用，保证每个现场工作人员都能充分发挥自己的积极性
进行物资准备和人员分工	对沙发、椅子、桌子、茶几、地毯等物品进行全面检查，坏的要及时修理，缺少的要给予补充。统计检查茶具、暖水瓶、毛巾等各种服务用品，按计划用量增添短缺用品，保证有充足的物品满足会议的需要。对现场工作人员要事先进行挑选、组织、分工。全局统筹调整人员，合理分配，实行定岗位、定人员、定任务的"三定"岗位责任制
进行清洁卫生和安全工作	凡属大会使用的场地、行走路线、周围环境等，均要进行全面细致的清洁，并达到卫生标准。对与会议有关的场所、设备、建筑、陈设等，除本单位要进行全面的安全检查外，还要请公安消防、建筑设计及其他有关部门会同有关单位进行联合安全检查，清除易燃物品，排除一切不安全隐患
进行严格的业务培训	会议前所有现场工作人员都要按分工提前进入工作岗位，进行本岗位业务训练，熟悉岗位环境，了解工作职能和岗位服务规范。结合岗位情况进行着装仪表、举止言谈、服务操作等方面的专门训练。按一流服务水平的要求，在会前进行一次业务演习

单元二 体验会议服务

任务单

以小组为单位，讨论接受任务和会前准备工作的内容并填写以下内容。

项目	具体内容
制定切实可行的实施方案	
进行思想动员	
进行物资准备和人员分工	
进行清洁卫生和安全工作	
进行严格的业务培训	

活动三 茶歇服务

你知道什么是茶歇吗？茶歇适用于什么样的会议呢？茶歇(Tea Break)，顾名思义，即落座、饮茶，形式不拘，与会者可以随便走动、自由畅谈，场面活泼，轻松自然。做好茶歇的服务工作要严格执行下列程序和规范。就让我们一起来看看吧！

信息页一 各类代表会议茶歇服务

(1) 搞好场区桌椅、沙发、茶几、厅廊地面和厕所的卫生。铺设地毯，清洁果皮箱，创造一个文明、卫生的环境。

(2) 根据茶歇招待服务需要，领取棉织品、茶具和招待用品。

(3) 烫洗茶具要坚持清洁剂洗涤、"氯氨T"消毒、开水烫和净布擦4道工序，严格把关，保证达到安全、卫生标准。

(4) 着装统一，仪表整洁，在大会入场前一小时上岗。铺设台布，以礼堂的方向为主，台布的"十"字折纹取直，对正。周围垂下的桌布长短均匀。摆放茶壶居桌中，花色图案向着主座，壶嘴向左，壶把向右；茶杯在茶壶周围依次摆成圆形，杯把朝顺时针方向；壶、杯下均加垫盘，茶杯扣放在盘上；毛巾盘放在茶壶右侧。整个场面摆设整齐划一。

(5) 茶几上的茶具均放在垫盘上，并放在茶几内侧。杯把向左成直线，茶壶的花色图案面向座位，壶把手在右边，壶旁放毛巾盘。

(6) 入场前半小时服务员开始打开水，饮水处的服务员备好热茶、温茶和凉开水。

(7) 开会前15分钟茶歇斟开水。

(8) 与会者入场时，服务员站立在接待桌旁，两手交叉自然放在腹前，面带微笑，一字排开。与会者入座，主动上前欢迎、问候，如"您好""请喝茶"，并给每位与会者斟递第一道茶。对于行动不便的与会者，更要服务热情，照顾周到，必要时送入会场，并向场内服务员交代清楚。

(9) 续水时统一使用暖瓶，随手带小毛巾。为了礼貌和不影响与会者的谈话，要在不交谈的两人座位之间，左脚在前，右脚在后，成丁字形，上身自然前倾；左手将茶盖揭开翻放在台布上，再拿起茶壶撤离座位后约20cm处斟开水，以防开水溅到与会者身上；斟水至8分满为宜，然后轻轻放回原处，用小毛巾沾净壶外的水迹。

(10) 与会者离开座位时，要主动上前拉椅、照顾，并迅速检查桌面，同时注意桌下有无遗忘的物品。

(11) 大会开始后，及时清理现场，洗刷、调换用过的茶具，按要求重新摆放整齐，为会间休息做好准备。

(12) 饮水处的温茶、热茶、纯净水等，须摆放均匀、整齐，标上字样，备好充足的茶杯。茶杯整齐摆放，杯把朝外，便于取用。茶杯随时消毒、烫洗、擦拭干净，保证供应。

(13) 饮水处的服务员要面带微笑，热情地接待每一位与会者，回答问话时应亲切、耐心。

(14) 供水的服务员要及时检查各饮水处的用水情况，保证茶水的供应；在运输途中要避让与会者。在人群中穿行，要先打招呼，如"请让一下""劳驾"，然后方可通行。

(15) 负责烧水的人员要坚守岗位，保证水源充足和安全。

单元二 体验会议服务

任务单一　代表会议茶歇服务

请以小组为单位模拟代表会议茶歇服务，并将组内人员分工写在下面的横线上。

_____
_____
_____
_____

代表会议茶歇服务评价表

服务程序	评价标准	组内评价			组间互评			教师评价		
		😊	😐	☹	😊	😐	☹	😊	😐	☹
准备工作	搞好环境卫生									
	准备各种服务用品及用具									
	着装统一规范									
	准备茶歇台									
	准备茶水									
对客服务	热情迎宾									
	规范斟茶									
	与会者离开时，规范服务									
结束工作	规范收台									
	清理场地									

信息页二　普通会议茶歇服务

茶歇，一般是在会议进程休息中安排的，为与会者提供的简便的招待形式；以茶或咖啡为主，配以点心、风味小吃及水果，不必使用餐厅，不排座席；时间上一般安排在上午

10:00或者下午4:00。

对于中、小型会议，特别是公司或者组织的高层会议，会间茶歇是很重要的。茶歇就是为会间休息兼气氛调节而设置的小型简易茶话会，当然提供的饮品不限于中国茶，点心也不限于中国点心。通常茶歇的准备包括点心要求、饮品要求、摆饰要求、服务及茶歇开放时间要求等，一般不同时段可以更换不同的饮品、点心组合。茶歇大致上可以分为两类：中式茶歇与西式茶歇。中式茶歇，饮品一般包括矿泉水、开水、绿茶、花茶、红茶、奶茶、果茶、罐装饮料、微量酒精饮料等；点心一般包括各类糕点、饼干、袋装食品、时令水果、花式果盘等。西式茶歇，饮品一般包括各式咖啡、矿泉水、低度酒精饮料、罐装饮料、红茶、果茶、牛奶、果汁等；点心一般有各类甜品、糕点、水果、花式果盘等，有的还提供中式糕点。茶歇菜单，如表2-1-2所示。

表2-1-2　茶歇菜单

曲奇 Cookies	黄油曲奇 巧克力曲奇 香草曲奇 杏仁曲奇 核桃曲奇 椰蓉曲奇	Butter Cookies Chocolate Cookies Vanilla Cookies Apricot Cookies Walnut Cookies Coconut Cookies
甜品 Dessert	水果挞 橙味芝士饼 草莓蛋卷 歌剧院蛋糕 巧克力芝士 水果蛋糕 蓝莓挞 拿破仑酥 起酥苹果 草莓慕斯 美式芝士饼 柠檬蛋卷 黑森林蛋糕 朗姆巧克力 时令水果	Fruit Tart Orange Cheese Strawberry Rolls Opera Cake Chocolate Cheese Fruit Cake Blueberry Tart Mille Feuille Apple in Puff Pastry Strawberry Mousse America Cheese Cake Lemon Rolls Black Forest Cake Rum Chocolate Seasonal Fruits Platter
饮品 Drink Station	咖啡 红茶 柠檬茶 茉莉花茶 可乐 雪碧 橙汁 猕猴桃汁 山楂汁	Coffee Black Tea Lemon Tea Jasmine Tea Coke Sprite Orange Juice Kiwi Juice Hawthorn Juice

任务单二　以小组为单位进行会议茶歇模拟服务

一、请将组内人员分工写在下面的横线上。

二、请为会议设计一份食品饮料单。

普通会议茶歇服务评价表

服务程序	评价标准	组内评价			组间互评			教师评价		
		☺	😐	☹	☺	😐	☹	☺	😐	☹
准备工作	搞好环境卫生									
	准备各种服务用品及用具									
	着装统一规范									
	准备茶歇台									
	准备茶水、饮料									
对客服务	热情迎宾									
	规范斟茶、饮品									
	辅助客人取食点心、水果									
	与会者离开时，规范服务									
结束工作	规范收台									
	清理场地									

活动四 会场内服务

负责会场服务的服务人员都应该做些什么呢？让我们来学习一下吧！

信息页 会场内服务

(1) 整理抽屉，擦桌椅、地板，地毯吸尘，搞好场内卫生。保持温度适宜，空气清新。

(2) 按要求摆好指路牌和带有各种标志的牌号。

(3) 入场前一小时，统一着装，仪表整洁入岗，站位时一般在各走道口的一侧，面向与会者。

(4) 指路时右手抬起，拇指与其余4指自然分开，4指并拢，手心向着客人，示意所指方向时说"请走这边"或"请走那边"。

(5) 熟悉场内区域座号，主动为与会者引座，做到准确无误，主动搀扶、照顾年老体弱者入座、站立、投票等。

(6) 大会开始，站到工作位上，站姿端庄、大方，精力集中、认真观察场内动静，如有行动不便的与会者站起，要迅速前往照顾。换班休息时动作轻稳，迅速离开。无关人员一律劝其退场，保持场内秩序井然。

(7) 会间休息或休会时，要及时打开门窗，按规范要求站立到自己岗位上，照顾与会者出入或退场。

(8) 与会者退场后，按分工划分的责任区域认真仔细地进行检查，擦桌面、理抽屉，如发现遗失的东西，要记清座排号码，及时上交和汇报。

(9) 认真搞好当日卫生收尾工作，妥善收存各种牌号，准备好次日大会的工作。

任务单 模拟会场内服务

请将组内人员分工写在下面的横线上。

_____
_____
_____

会场内服务评价表

评价标准	组内评价			组间互评			教师评价		
	☺	😐	☹	☺	😐	☹	☺	😐	☹
搞好场内卫生，保持温度适宜，空气清新									
按要求摆好指路牌和带有各种标志的牌号									
入场前一小时，统一着装，仪表整洁入岗，站位时一般在各走道口的一侧，面向与会者									
指路时姿势规范正确、语言准确									
熟悉场内区域座号，主动为与会者引座，照顾年老体弱者									
大会开始，站到工作位上，保持场内肃静									
会间休息或休会时，按规范要求服务									
与会者退场后，按分工划分的责任区域认真仔细地进行检查、收拾									
认真搞好当日卫生收尾工作，妥善收存各种牌号，准备次日大会的工作									

活动五 厅室服务

厅室服务主要是为与会者在会前或会中休息提供服务，通常也称为贵宾室服务。下面就让我们一起来学习一下厅室服务吧！

信息页　厅室服务

(1) 明确本厅活动的人数、主要领导及其生活习惯、招待标准和工作要求。

(2) 按要求和人数布置沙发、座椅、茶几、衣架，布置形式要美观、大方、协调、实用。

(3) 擦窗台、座椅、茶几、屏风、陈设品，清理地板、地毯，搞好厅室清洁卫生，调节室内温度，保持空气清新，温度适宜。

(4) 按人数和计划要求，配齐茶具、餐具、冷饮具，认真烫洗，严格消毒，达到标准。

(5) 摆好垫盘、毛巾，备好文具，随时提供使用。

(6) 入场前一小时，蒸上毛巾，打好开水；入场前半小时，茶壶、茶杯放好茶叶，备好茶漏、托盘和续水的茶壶、口布，放好卫生间的大小毛巾、梳子、香皂、手纸，以及工作人员休息处的壶杯、暖瓶。

(7) 适时拉好窗帘，开灯照明。

(8) 全面检查、核实出入路线，发现漏洞及时弥补。

(9) 入场前10分钟，茶杯、茶壶点水，铺好托盘，摆好茶杯。做到"人到茶到"，茶量适当、浓淡可口、凉热适宜。

(10) 会议进行中间(如分组座谈会)，一人坐在门后适当处值班，观察会场情况，掌握续水时间，其余人员退至工作间，续水时要轻拿轻放，保持会场安静。

任务单　模拟厅室服务

请将组内人员分工写在下面的横线上。

_____
_____
_____
_____
_____

厅室服务评价表

评价标准	组内评价			组间互评			教师评价		
	☺	😐	☹	☺	😐	☹	☺	😐	☹
按要求布置沙发、座椅、茶几等									
搞好厅室清洁卫生，调节室内温度，保持空气清新，温度适宜									

(续表)

评价标准	组内评价			组间互评			教师评价		
	😊	😐	☹	😊	😐	☹	😊	😐	☹
按人数和计划要求，配齐茶具、餐具、冷饮具									
摆好垫盘、毛巾，备好文具，随时提供使用									
适时开灯照明。全面检查、核实出入路线，发现漏洞及时弥补									
入场前10分钟铺好托盘，摆好茶杯。做到"人到茶到"，茶量适当、浓淡可口、凉热适宜									
会议进行中间观察会场情况，掌握续水时间，其余人员退至工作间，续水时要轻拿轻放，保持会场安静									

活动六 主席台座次安排

主席台的座次安排应遵循什么原则呢？让我们来看一下吧！

信息页 主席台座次安排

较为大型的会议通常要安排座席卡，其颜色、规格、字体应统一。主席台的座位安排一般是尊者坐正中间，其左手为次尊者，右手再其次，依次类推(国际活动时以右为尊)。如果发言人席设在主席台，一般位于台上最右侧，主持人在发言人席的左侧；如果在主席台外另设发言人席，则主持人席设在主席台的最右侧，有时主持人席也设在主席台的中央，如图2-1-1所示。

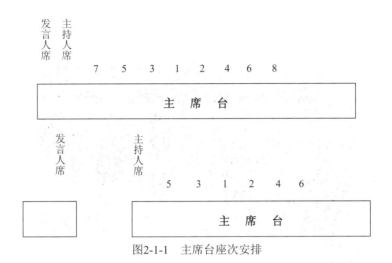

图2-1-1 主席台座次安排

任务单 请将第十二届两会的座次图填在下面的空白处

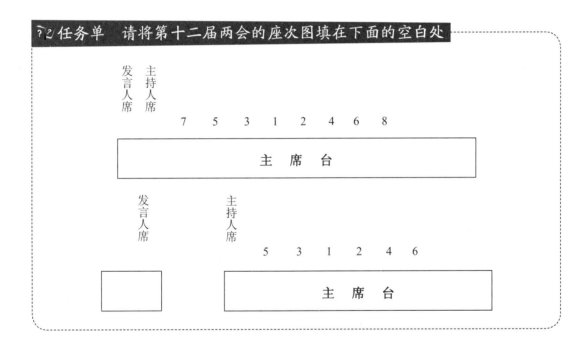

活动七 主席台服务

主席台的服务尤为重要，既能体现会议的高规格，又能体现我们的周到服务。

信息页　主席台服务

(1) 搞好主席台上的卫生，清理抽屉，擦桌椅、地板，保持清洁。

(2) 明确主席台总人数和各排人数，了解主要领导的座位、生活习惯、招待标准及工作要求。

(3) 按人数配齐茶具、棉织品、名签座、排次牌、文具等。认真烫洗茶具，严格消毒，达到安全卫生标准。

(4) 穿好工作服，着装统一，仪表整洁，入场前一小时上岗，检查桌椅，摆放垫盘、茶杯(加好茶叶)、毛巾盘、名签座、便笺、铅笔、排次牌，要求距离一致，整齐划一。

(5) 垫盘、茶杯的花色图案要求对正主人，茶杯把手向里，略有斜度(一般不大于90°和不小于45°)。

(6) 全部摆放毛巾。毛巾的叠法一致，摆放整齐。

(7) 会前30分钟，服务员按顺序排队，统一进入场内。倒水时步态平稳，动作协调，右手小拇指与无名指夹住杯盖，大拇指在上按住杯把，食指勾住杯把，中指在杯把下方顶住杯把，将茶杯端至腹前，左手提暖瓶将水徐徐斟入杯中，8分满为宜。然后将杯子放到垫盘上，盖上杯盖。

(8) 会前20分钟，统一检查茶杯。检查时用右手手指的背面轻轻靠一下杯子，即可知道是否有水，发现空杯、裂杯和渗水的茶杯要及时处理。

(9) 会前10分钟，按各自分工各就各位，照顾与会者入场、就座。对行动不便的与会者要帮助戴好耳机。

(10) 奏国歌时，听指挥统一上台，照顾自己所负责的搀扶对象起立、落座。

(11) 会议开始后30分钟第一次续水，以后每40分钟续一次水(也可根据各地习惯的不同，适时续水)。对首长和报告人的用水，须根据情况及时续水。续水时按顺序排队统一上台。

(12) 会议进行中，舞台两侧各设一人观察台上情况，处理应急事务。对中途退场或上厕所的与会者，要跟随照顾。

(13) 收尾工作按顺序进行，撤杯盖，倒剩茶水，收茶杯，擦收垫盘，收回毛巾、名签座，并做好下次大会的准备工作。

任务单　模拟主席台服务

请将组内人员分工写在横线上。
_____
_____
_____
_____
_____
_____

主席台服务评价表

评价标准	组内评价			组间互评			教师评价		
	☺	😐	☹	☺	😐	☹	☺	😐	☹
搞好主席台上的卫生，清理抽屉，擦桌椅、地板、保持清洁									
按人数配齐茶具、棉织品、名签座、排次牌、文具等									
摆放垫盘、茶杯(加好茶叶)、毛巾盘、名签座、便笺、铅笔、排次牌，要求距离一致，整齐划一									
垫盘、茶杯的花色图案要求对正主人，茶杯把手向里，略有斜度									
全部摆放毛巾。毛巾的叠法一致，摆放整齐									
会前30分钟，服务员按顺序排队，统一进入场内，斟倒茶水									
会前20分钟，统一检查茶杯									

(续表)

评价标准	组内评价			组间互评			教师评价		
	☺	😐	☹	☺	😐	☹	☺	😐	☹
会前10分钟，按各自分工各就各位，照顾与会者入场、就座									
奏国歌时，听指挥统一上台，照顾自己所负责的搀扶对象起立、落座									
会议开始后30分钟第一次续水，以后每40分钟续一次水。对首长和报告人的用水，须根据情况及时续水									
会议进行中，舞台两侧各设一人观察台上情况，处理应急事务									
收尾工作按顺序进行，撤杯盖，倒剩茶水，收茶杯，擦收垫盘，收回毛巾、名签座，并做好下次大会的准备工作									

任务评价

评价项目	具体要求	评价			建议
		☺	😐	☹	
各类代表会议服务	1. 了解各类代表会议的特点				
	2. 接受任务和会前准备工作				
	3. 茶歇服务				
	4. 会场内服务				
	5. 厅室服务				
	6. 主席台座次安排				
	7. 主席台服务				
学生自我评价	1. 准时并有所准备地参加团队工作				
	2. 乐于助人并主动帮助其他成员				
	3. 遵守团队的协议				
	4. 全力以赴参与工作并发挥了积极作用				

(续表)

评价项目	具体要求	评价			建议
		😊	😐	☹	
小组活动评价	1. 团队合作良好，都能礼貌待人				
	2. 工作中彼此信任，互相帮助				
	3. 对团队工作都有所贡献				
	4. 对团队的工作成果满意				
总计		个	个	个	总评

在各类代表会议服务的学习中，我的收获是：

在各类代表会议服务的学习中，我的不足是：

改进方法和措施有：

任务二 会见服务

工作情境

随着中国经济的快速发展，以及对外开放的扩大和奥运会、世博会的成功举办，国际会议带动了旅游、商业、物流、通信、餐饮、住宿等相关产业的发展。因此，方方面面的会见活动越来越多，能够提供优质的会见服务尤为重要。我国领导人将会见他国领导人，你知道我们要为这次会见提供什么服务吗？

具体工作任务

- 了解会见分类；
- 熟悉会见前的准备工作；
- 熟悉会见的座次安排；
- 熟悉会见的服务规程；
- 主席台服务。

活动一 了解会见分类

如何掌握会见分类、座次安排、服务流程呢？在下面的教学活动中我们一起来学习吧！

信息页 了解会见分类

会见，是国际交往中常采用的礼宾活动形式，一般也称接见或拜会。凡身份高的会见身份低的，或主人会见客人，一般称为接见；凡身份低的会见身份高的，或客人会见主人，一般称为拜会或拜见。我国一般统称会见。接见和拜会后的回访，称为回拜。

会见就其内容来说，有礼节性的、政治性的、事务性的，或兼而有之。如外国代表团来我国访问，在欢迎仪式之后，或代表团参加宴会、文艺晚会等活动之前，我国领导人在休息厅的会见，称为礼节性的会见。礼节性的会见，时间短，话题相对比较广泛。政治性会见一般涉及双边关系、国际局势等重大问题，保密性强。事务性会见则指一般外交事务交涉、业务商谈等。

会见形式，可以分为个别约见和大型接见。个别约见是指我国党和国家领导人或某部门负责人，就某一方面的外交事务或业务问题，与个别人士或使馆人员进行会面商谈的一种礼宾活动。它的特点是会见的范围小、保密性强。大型接见是指我国党政领导人会见一国或几国群众团体，或国际会议代表的礼宾活动。在国内，党政领导人接见本国专业会议代表或劳动模范，服务业务上也称为大型接见。它的特点是参加会见的人数多，首长比较集中，场面隆重。

知识链接

外交部通知外国驻本国使节前来议谈有关事宜称为召见。

任务单 了解会见分类

一、你能概括出会见的种类吗？

_____

_____

二、在小组内尝试分角色模拟练习接见、拜见、回拜。

单元二 体验会议服务

活动二 会见前的准备工作

会见前的准备工作是非常重要的一个环节,我们怎样才能细心周到地做好准备工作呢?大家一起来学习一下吧。

信息页 会见前的准备工作

会见前的服务准备工作主要有5项,即明确任务、布置会见厅、准备好所需物品、搞好清洁卫生、做好摆台。

一、明确任务

当接到会见的任务通知单后,首先需要了解会见的时间(会见前的汇报时间和正式会见时间)、会见的地点、首长和外宾行走的路线、参加会见的总人数、有哪些首长出面、会见对象的国籍、主要外宾的身份、外宾人数以及文化习俗等。

还需了解布置形式上有何要求,是否安排合影和录像,以及招待规格、标准、主办单位和联系人对会见的具体要求等。

二、布置会见厅

会见厅的布置,应根据参加会见人数的多少、规格的高低、厅室的形状和面积大小来确定。会见厅的光线和温度,应根据实际情况和主要宾客的要求而定。温度上一般以夏季22~25℃、冬季19~22℃为宜。

三、准备好所需物品

(1) 招待用品——茶叶。根据主办单位的要求,有时也准备冷饮、牛奶、咖啡、干果、点心、水果等供招待之用。

(2) 茶具——茶杯、垫盘、茶壶、茶叶漏、暖瓶、凉水具等。

(3) 文具——便笺、铅笔等。

(4) 服务用具——大小毛巾、托盘、口布等。

(5) 厕所用具——毛巾、洗手液(香皂)、梳子、卫生纸等。

应根据不同的招待用品,准备配套用具,如有冷饮,要准备水杯、瓶起子;如有牛奶、咖啡,要准备咖啡杯、咖啡杯垫、咖啡壶、奶罐、糖缸、咖啡勺、牛奶咖啡专用暖瓶;如有干果点心,要准备小碟、五寸盘、水果盘、点心叉、水果刀、水果叉、牙签筒、茶几等。在准备以上物品时,数量要有一定的富余,做到有备无患。会见用的毛巾,洗净后要放在蒸箱内高温消毒,使用时喷洒适量香水。各种茶具、冷饮具、牛奶咖啡具、餐具要严格进行消毒、烫洗,达到卫生安全标准,然后封存起来,由专人负责保管,注意安全。以上物品的准备工作要在会见前一小时完成。

四、做好清洁卫生

以上工作完成之后(或同时进行),要对会见所使用的场地进行全面、彻底的卫生清洁和安全检查,以达到卫生要求标准。

五、做好摆台

摆台前要检查一下所用茶具,如有破口、裂缝的要及时调换。摆台时,先摆便笺、铅笔。便笺摆在茶几的外侧、茶几横面中间。铅笔摆在便笺内侧,铅笔的商标朝上。茶盘放在茶几内侧,茶几两边一边一个,盘边距离茶几边沿约2cm,盘上的图案相对应,并放上垫盘小毛巾。摆台完毕后要认真检查一遍,防止遗漏和出错。

任务单 会见前的准备工作

请以小组为单位进行会见前的准备工作练习,并将组内分工写在下面的横线上。

_____

准备工作评价表

评价标准	组内评价			组间互评			教师评价		
	☺	😐	☹	☺	😐	☹	☺	😐	☹
布置会见厅									
准备好所需物品									
做好摆台									

活动三 会见的座次安排

会见的座次安排十分重要，主人、主宾及其陪同人员都应该坐在哪里呢？我们一起来学习一下吧！

信息页 会见的座次安排

会见通常安排在会客室，根据实际情况，有时宾主各坐一边，有时也可以穿插坐在一起。根据我国的礼仪习惯，客人一般坐在主人的右边；译员、记录员安排坐在主人和主宾后面；其他客人按礼宾身份顺序在主宾一侧就座；主方陪见人在主人一侧就座，如图2-2-1所示。

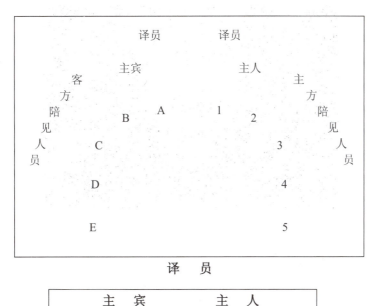

图2-2-1 会见的座次安排

某些国家元首会见还有其独特的礼仪程序，如双方简短致辞、赠礼、合影等。规模较大的会见可布置成会议形式。礼宾排列次序，主要是依据身份与职务的高低，如国家元首、副元首、政府总理(首相)、副总理(副首相)的顺序。

> **任务单** 你知道会见时宾主座位应如何安排吗
>
> 以小组为单位设计一个会见的情境，并为这个情境安排宾主的座位。
>
> _____
> _____
> _____
> _____
> _____

活动四 会见的服务规程

会见时我们应该提供什么服务呢？一起来看一下吧！

信息页 会见的服务规程

会见的主要服务用品有垫盘、便笺、圆珠笔、铅笔等。规格高的会见需要准备茶水、干果、饮料、水果等。这些应在会见前30分钟按要求摆放好，茶水或饮料(夏天要冷藏)在宾客入座后再端出摆上。

(1) 参加会见的主人和主办单位联系人,一般都会提前到达活动现场。服务员要为其上茶,一般情况下用小茶杯即可。

(2) 当宾客到达时,主人到门口迎接。服务人员要迅速将厅内用过的茶杯撤掉。

(3) 宾主入座后,用茶杯上茶,杯把一律朝客人的右手一侧。一般由服务人员从主要的外宾和主人处开始递毛巾。毛巾可直接递到主宾的手上,递毛巾时要热情地道"请"。如果有两名服务人员,则递给外宾的服务人员动作要先于另一名服务人员。如果是一名服务人员递毛巾,要先从外宾处开始,然后再递给主人。

(4) 会见进行中间(绝密会谈除外),要留一名服务人员在适当位置观察厅内情况,随时服务。

(5) 会见期间一般每隔15～20分钟续一次水。续水一般用小暖瓶,并带块小毛巾以便随时擦拭溅出的茶水。

会见结束后,要及时把厅室门打开,并对活动现场进行检查。如发现宾客遗忘的物品,要立即归还原主。如果宾客已离开,可交至主办单位工作人员代为转交。客人返回时,应及时给首长递上一块热毛巾,并送主要首长和年长及行动不便、又无专人照顾的首长上车。

后台工作也是会见服务内容之一。会见厅的大门口和主要首长的行走路线要有专人指路或照顾。冬季要为宾客料理衣帽,下雨天要为参加会见的人员撑伞遮雨。

负责后台工作的服务人员,要在会见前把毛巾蒸好消毒,各种用具放在适当的位置上。外宾到达前15分钟,往茶杯中放入茶叶并点上一点开水润茶,5分钟后开始沏茶,以8分满为宜。当前台服务人员上茶时,应把毛巾取出,放在托盘内,毛巾的对角线要一致。如果毛巾太热,可抖一下散散热。毛巾用完后,要及时洗涤晾干。会见后,要把所有物品收藏好,茶具烫洗干净,分类存放,并清扫垃圾,仔细检查后,方可离开工作现场。

任务单 模拟会见服务

请依照会见的服务规程模拟会见服务,并将组内人员分工写在下面的横线上。

_____
_____
_____
_____
_____

会见服务评价表

评价标准	组内评价			组间互评			教师评价		
	☺	😐	☹	☺	😐	☹	☺	😐	☹
为主人倒茶									
当宾客到达时,主人到门口迎接。服务人员要迅速将厅内用过的茶杯撤掉									
宾主入座后,用茶杯上茶,杯把一律朝客人的右手一侧。一般由服务人员从主要的外宾和主人处开始递毛巾									
会见进行中间(绝密会谈除外),要留一名服务人员在适当位置观察厅内情况,随时服务									
会见期间一般每隔15～20分钟续一次水。续水一般用小暖瓶,并带块小毛巾以便随时擦拭溅出的茶水									

任务评价

评价项目	具体要求	评价			建议
		☺	😐	☹	
会见服务	1. 了解会见的分类				
	2. 会见前的准备工作				
	3. 会见的座次安排				
	4. 会见的服务规程				
学生自我评价	1. 准时并有所准备地参加团队工作				
	2. 乐于助人并主动帮助其他成员				
	3. 遵守团队的协议				
	4. 全力以赴参与工作并发挥了积极作用				

(续表)

评价项目	具体要求	评价 😊	评价 😐	评价 ☹	建议
小组活动评价	1. 团队合作良好，都能礼貌待人				
	2. 工作中彼此信任，互相帮助				
	3. 对团队工作都有所贡献				
	4. 对团队的工作成果满意				
总计		个	个	个	总评

在会见服务的学习中，我的收获是：

在会见服务的学习中，我的不足是：

改进方法和措施有：

任务三 会谈服务

工作情境

会谈，是指在正式访问或专业性访问中，双方或多方就某些重大的政治、经济、文化和军事等共同关心的问题交换意见，或就具体业务进行谈判的活动。

具体工作任务
- 了解会谈活动的特点；
- 掌握会谈厅的布置；
- 了解会谈用品的配备和摆放；
- 掌握会谈的座次安排；
- 了解会谈的服务程序。

活动一　了解会谈活动的特点

会谈服务虽然每次针对不同的服务对象，会有不同的服务内容，但其主要特征是相同的。让我们一起来学习一下吧！

信息页　会谈活动的主要特征

一般来说，会谈内容的政治性和业务性较强，保密性较高。规格很高的国事会谈，会场要悬挂双方国旗。

参加会谈的双方或多方的主要领导人，其级别和身份应是对等的，谈判的事务也是对口的。

> **任务单　设计一次会谈的人员安排**
>
> _____
> _____
> _____
> _____
> _____

活动二　会谈厅的布置

你知道会谈厅应该怎么布置吗？

信息页 会谈厅的布置

双边会谈的厅室，一般布置长条桌和扶手椅，宾主相对而坐，进行会谈。布置时，根据会谈人数的多少，将长条桌横一字或竖一字形摆放，桌子的中线要与正门中轴线对齐。然后在桌面上匀称地铺上台呢或白色台布。桌子两侧对称摆上扶手椅，主宾和主人的座位要居中相对摆放，座位两侧的空当应比其他座位略宽一些。

如会谈桌呈横一字形摆放，主人应在背向正门的一侧就座。如果呈竖一字形布置，以进门方向为准，客人位于右侧，主人位于左侧。翻译人员安排在主持会谈的主宾和主人的右侧，记录员一般是在会谈桌的后侧另行布置桌椅就座。如参加会谈的人数较少，也可以安排在会谈桌前就座。

任务单 会谈厅的布置

如果由你们组来设计一次会谈厅的布置，你有什么建议呢？

_____
_____
_____
_____
_____
_____
_____
_____
_____
_____

活动三 会谈用品的配备和摆放

每次会谈开始前,服务人员都要做好会谈用品的配备和摆放,你知道怎样配备会谈用品吗?

信息页 会谈用品的配备和摆放

(1) 记事便笺摆放在每个座位前桌面的正中(供记事用),便笺的下端距桌面的边沿约5cm。

(2) 紧靠便笺的右侧摆放文具(铅笔、签字笔等),便笺的右上角摆放一个饮品垫盘,盘内垫小方巾,以避免端放时发出声响。便笺、垫盘等物品的摆放要整齐划一,均匀协调。

(3) 有时为了增加会谈桌上摆设的美感,还可在桌子的纵中轴线上摆几组插有鲜花的花瓶或花盘,花枝不宜过高,以不遮挡双方的视线为宜。

(4) 如果是国事会谈,中、外方主要领导人面前的桌子上要摆两国国旗,或在厅内上侧桌前处竖两国国旗。

任务单 会谈物品的摆放

请以小组为单位,模拟会谈物品的配备与摆放,并将组内人员分工写在下面的横线上。

_____
_____
_____

会谈物品摆放评价表

评价标准	组内评价			组间互评			教师评价		
	😊	😐	☹️	😊	😐	☹️	😊	😐	☹️
记事便笺摆放在每个座位前桌面的正中(供记事用),便笺的下端距桌面的边沿约5cm									
紧靠便笺的右侧摆放文具(铅笔、签字笔等),便笺的右上角摆放一个饮品垫盘,盘内垫小方巾,以避免端放时发出声响。便笺、垫盘等物品的摆放要整齐划一,均匀协调									
有时为了增加会谈桌上摆设的美感,还可在桌子的纵中轴线上摆几组插有鲜花的花瓶或花盘,花枝不宜过高,以不遮挡双方的视线为宜									
如果是国事会谈,中、外方主要领导人面前的桌子上要摆两国国旗,或在厅内上侧桌前处竖两国国旗									

活动四 会谈的座次安排

在会谈开始前,要根据人数安排会谈座位,你知道怎么安排吗?

信息页 会谈服务座次安排

最高领导,一般坐在长方形的短边这边,即离门最远的那边,也就是比较靠里的位置。就是说,以会议室的门为基准点,在里侧是主宾的位置。如果是由主客双方来参加的会议,通常用长方形、椭圆形或圆形桌子,宾主相对而坐,以正门为准,主人在背门一侧,客人面向正门,主谈人居中。如会谈桌成竖一字形摆放,以进门的方向为准,客人居右方，主人居左方。译员的座位安排在主持会谈的主宾和主人的右侧，其他人按礼宾次序左右排列。记录员一般是在会谈桌的后侧另行安排桌椅就座，如参加会谈的人数较少，也可安排在会谈桌边侧就座。

多边会谈，会谈桌可摆成圆形、方形等。

一、长条桌座次安排(如图2-3-1和图2-3-2所示)

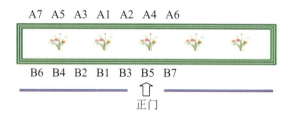

注：A为上级领导或外宾席，B为主方席；当A为外宾时，A3与B3分别为客方与主方译员。

图2-3-1 长条桌座次安排(一)

图2-3-2 长条桌座次安排(二)

二、沙发室座次安排

1. 与外宾会谈(如图2-3-3所示)

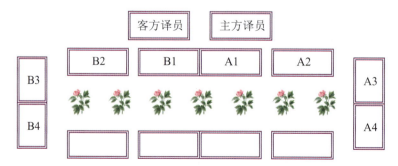

注：A为主方，B为客方。

图2-3-3 与外宾会谈

2. 与上级领导座谈(如图2-3-4所示)

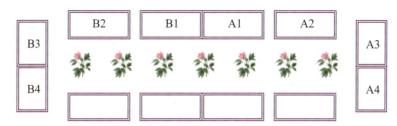

注：A为上级领导，B为主方领导。

图2-3-4　与上级领导座谈

任务单　会谈的座次安排

请将本组同学进行角色分工，并安排在相应的位置上。

主人：

客人：

主方：

客方：

活动五　会谈的服务程序

在会谈服务中，有规范的程序需要大家共同遵守，让我们一起来学习一下吧！

信息页　会谈服务程序

(1) 当主人提前到达活动现场时，应迎至厅内的沙发上就座，用小茶杯上茶。

(2) 客人就绪前15分钟和散会后，服务员站立于会议室门口或指定位置迎送。冬季主动为客人拉椅挂衣服。

(3) 协助主办方验证并提示客人随时保管好自己的物品，以防丢失。

(4) 主办单位通知外宾从住处出发时，服务人员在工作间将茶杯沏上茶。当主人到门口迎接外宾时，服务员把茶杯端上，放在每人的茶杯垫盘上。

(5) 宾主来到会谈桌前，服务员要上前拉椅让座。当记者采访和摄影完毕，服务员分别从两边为宾主双方递上毛巾，先给主要宾客递上，然后按礼宾程序进行。待宾主用后，应立即将毛巾收回。

(6) 客人入座前将茶沏好，摆好小毛巾(毛巾托距垫碟下沿1cm)，并注意倒水顺序：先宾后主，先女后男，从左至右。每隔20分钟续水一次，主席台15分钟续水一次并指定专人服务；大型会谈从第一排开始倒水，一人负责一行或一区，避免反复穿过。

(7) 会谈中间如果提供牛奶、咖啡、干果等，应先把牙签、小毛巾(叠成长方形)、奶罐垫盘、咖啡杯垫盘上桌，然后把已经装好的糖罐、奶罐(加勺)、水果、干果依次上桌。

(8) 会谈活动一般时间较长，可视宾客情况及时续水、换铅笔等。如果会谈中间休息，服务人员要及时整理好桌椅、桌面用品，续水，增补便笺、铅笔等。在整理时，注意不要弄乱和翻阅桌上的文件。

(9) 会谈结束时，要照顾宾客退席，然后按工作程序做好收尾工作。

(10) 散会后，服务员要先对会场进行仔细查巡，留意客人是否有遗忘物品和文件，并及时将所拾物品交还给客人或上交，检查会议室设备有无破损、丢失，发现问题及时汇报。

(11) 待客人走完后方可撤台，并将桌椅恢复原状，摆放整齐。

(12) 彻底检查会议场所内外有无隐患，拉断电源、锁好门窗，并填写好当班服务日记表。

(13) 主动与主办单位负责人联系，征求意见，保持良好的服务关系。

服务提示

在会谈服务前，服务员要掌握以下几点，才能更好地服务。

(1) 会谈双方的身份、背景、服务要求及招待标准等。

(2) 会谈的时间、人数，是否需要安装扩音器，是否需要在座位上安放座位名卡等。

(3) 如有合影，要事先排好合影位置，按礼宾顺序，以主人右边为上宾位置，主客双方间隔排序，一般来说，两端均由主方人员把边。

(4) 领导人之间的会谈，除陪见人和必要的翻译人员、记录员外，旁人应尽量减少进出次数。

任务单　模拟会谈服务

请依据会谈服务程序，以小组为单位，设计、模拟一次会谈服务。

会谈服务评价表

评价标准	组内评价			组间互评			教师评价		
	😊	😐	☹️	😊	😐	☹️	😊	😐	☹️
当主人提前到达活动现场时，应迎至厅内的沙发上就座，用小茶杯上茶									
客人就绪前15分钟和散会后，服务员站立于会议室门口或指定位置迎送。冬季主动为客人拉椅挂衣服									
当主人到门口迎接外宾时，服务员把茶杯端上，放在每人的茶杯垫盘上									
宾主来到会谈桌前，服务员要上前拉椅让座，服务员分别从两边为宾主双方递上毛巾									
客人入座前将茶沏好，并注意倒水顺序									

任务评价

评价项目	具体要求	评价			建议
		😊	😐	☹️	
会谈服务	1. 了解会谈活动的特点				
	2. 掌握会谈厅的布置				
	3. 了解会谈用品的配备和摆放				
	4. 掌握会谈的座次安排				
	5. 了解会谈的服务程序				

(续表)

评价项目	具体要求	评价 ☺	评价 😐	评价 ☹	建议
学生自我评价	1. 准时并有所准备地参加团队工作				
	2. 乐于助人并主动帮助其他成员				
	3. 遵守团队的协议				
	4. 全力以赴参与工作并发挥了积极作用				
小组活动评价	1. 团队合作良好，都能礼貌待人				
	2. 工作中彼此信任，互相帮助				
	3. 对团队工作都有所贡献				
	4. 对团队的工作成果满意				
总计		个	个	个	总评

在会谈服务的学习中，我的收获是：

在会谈服务的学习中，我的不足是：

改进方法和措施有：

任务四　签字仪式服务

工作情境

在涉外交往中，有关国家的政府、组织或企业单位之间经过谈判，就政治、经济、文化、科技等领域内的某些重大问题达成协议时，一般需举行签字仪式。北京市××学校将与荷兰××学院签订实训基地合作协议，我们一起来为这次签字仪式进行服务吧！

具体工作任务

- 了解签字仪式；
- 了解签字仪式的安排；
- 了解签字仪式的服务规程。

活动一 了解签字仪式

不同的签字仪式有各自的特点，在我国举行签字仪式通常要考虑哪些礼仪问题呢？

信息页一 有关签字仪式礼仪的介绍

一、签字仪式礼仪准备工作

(1) 要布置好签字厅，并做好有关签字仪式的准备工作。在我国举行的签字仪式，必须在事先布置好的签字厅里举行，绝不可草率行事。

(2) 要确定好签字人和参加签字仪式的人员，签字人由签字双方各自确定，但是其身份必须与待签文件的性质相符，同时双方签字人的身份和职位应当大体相当。

(3) 要安排好双方签字人的位置，并且议定签字仪式的程序。

我国的惯例是：东道国签字人的座位应位于签字桌左侧，客方签字人的座位位于签字桌右侧。双方的助签人员分别站立于各方签字人的外侧，其任务是翻揭待签文本，并向签字人指明签字处，双方其他参加签字仪式的人员则应分别按一定顺序排列于各方签字人员之后。

我方人员在外国参加签字仪式时，应尊重该国举行签字仪式的习惯。有的国家可能会准备两张签字桌，有的国家可能要求参加签字仪式的人员坐在签字人对面，对此应视为正常，不必在意。

二、签字仪式的种类

(1) 从礼仪的角度考虑，国家间通过谈判，就政治、经济、科技、文化等某一领域内的相互关系达成协议，缔结条约或公约时，一般都需要举行签字仪式。

(2) 当一国领导人访问他国，经双方协定达成共识，发表联合公报(或联合声明)时，一般也要举行签字仪式。

(3) 各地区、各部门在与国外交往时，通过会谈、谈判和协商，最终达成的有关合作项目的协议、备忘录、合同书等，通常也要举行签字仪式。但各国业务部门之间签订的专业性协议，一般无须举行这类签字仪式。

三、多边条约的签字仪式

3个或3个以上的国家缔结的条约，称为多边条约。其签字仪式大体与上述仪式相同，只是相应地增加签字人员的座位、签字用具和国旗。在签订多边条约时，也可只设一个座位，先由公约保存国代表签字，然后由各方代表依礼宾次序轮流在公约上签字。

信息页二 有关签字仪式的详细流程

接到签字仪式的会议通知单后，该如何确定你要做的工作，从哪几个方面入手呢？

一、从形式上弄清楚签字仪式的类别

(1) 合作协议签字仪式。
(2) 合作备忘录签字仪式。
(3) 个人签约某公司的签字仪式。
(4) 多方合作协议签字仪式。

二、从目的上弄清楚签字仪式的类别

(1) 内部纪念和见证。
(2) 媒体发布。

三、根据上面的分析来确定如下问题

(1) 主席台设计。
(2) 邀请嘉宾。
(3) 邀请媒体。

(4) 签字仪式的流程。

(5) 签字代表人选。

(6) 主持人人选。

四、细节

(1) 合影。

(2) 宴会。

(3) 嘉宾席和观众席的摆放。

(4) 如有外方人员参加，是否需要翻译。

> **任务单　搜集签字仪式的种类**
>
>

活动二　签字仪式的安排

签字仪式的整个过程所需时间并不长，也不像举办宴会那样会涉及多方面的工作，其程序较简单，但由于签字仪式涉及国与国之间的关系，而且往往是访谈、谈判成功的一个标志，有时甚至是历史转折的一个里程碑，因此，签字仪式一定要认真筹办。让我们一起来学习一下吧！

信息页　签字仪式的安排

一、参加签字仪式的人员确定

1. 签字人

签字人是代表一个国家、政府或企业进行签字的人员，所以，签字人的选择十分关键。签字人应视文件性质由缔约各方确定。有由国家领导人签字的，也有由政府有关部门负责人签字的，如不是国家级的项目，而是地区之间、部门之间的协议，则由地区、部门负责人(一般是法人代表)签字。但不管是哪一级，双方签字人的身份都应大体相当。

2. 助签人

助签人的职能是洽谈有关签字仪式的细节，并在签字仪式上帮助翻阅与传递文本、指明签字处。双方的助签人由缔约双方共同商定。

3. 出席签字仪式的人员

出席签字仪式的人员基本上是参加会谈或谈判的全体人员。如一方要求让某些未参加会谈或谈判的人员出席签字仪式，应事先征得对方的同意。但应注意双方人数最好大体相等。不少国家与企业为了表示对签字仪式的重视，往往由更高级别或更多的领导人出席签字仪式。

二、签字之前的筹备

1. 签字文本的准备

安排签字仪式，首先应是签字文本的准备。负责为签字仪式提供待签的合同(或条约)文本的主方，应会同有关各方一道指定专人，共同负责合同(或条约)的定稿、校对、印刷、装订、盖火漆印工作。按常规，应为在合同上正式签字的有关各方，均提供一份待签的合同文本。必要时，还可再向各方提供一份副本。

签署涉外商务合同时，按照国际惯例，待签的合同文本应同时使用有关各方法定的官方语言，或是使用国际上通行的英文、法文。此外，亦可并用有关各方法定的官方语言与英文或法文。

待签的合同文本，应以精美的白纸印制而成，按大八开的规格装订成册，并以高档质料(如真皮、金属、软木等)作为其封面。

2. 签字物品的准备

要准备好签字用的文具、国旗等物品。

3. 服饰准备

在签字前要规范好签字人员的服饰。按照规定，签字人、助签人以及随员，在出席签字仪式时,应当穿着具有礼服性质的深色西装套装、西装套裙,并配以白色衬衫与深色皮鞋。出现在签字仪式上的礼仪、接待人员,可以穿工作服或旗袍一类的礼仪性服装。

4.签字厅的布置

由于签字的种类不同,各国的风俗习惯不同,因而签字仪式的安排和签字厅的布置也不尽相同。签字厅有常设专用的,也有临时以会议厅、会客室来代替的,但一般要选择较有影响、结构庄严、宽敞明亮、适宜签字的大厅。签字厅布置简图,如图2-4-1所示。

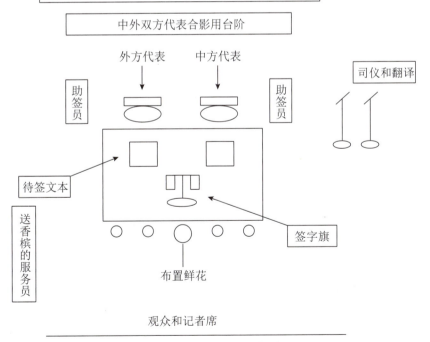

图2-4-1 签字厅布置简图

5. 签字桌

我国举行的签字仪式，通常是在签字厅内设置长方桌作为签字桌，桌面上覆盖深色的台呢。台呢颜色的选择，要考虑对方的习惯与忌讳。桌后放两把椅子作为双方签字人的座位，面对正门"主左客右"。座前桌上摆放各方保存的文本，文本前方分别放置签字用具。中间摆放一个旗架，悬挂签字双方的旗帜，主方国与客方国旗帜悬挂的方位是面对正门"主左客右"，即各方的国旗须插放在该方签字人座椅的正前方。另外，还要与对方商定助签人员事宜，并安排双方助签人员洽谈有关细节。

任务单　以小组为单位布置签字桌

活动三　签字仪式的服务规程

签字仪式是签署合同的高潮，它的时间不长，但程序规范、庄严、隆重而热烈。签字仪式的正式程序一共分为哪几项呢？

信息页　签字仪式流程

一、签字仪式正式开始

各国签字仪式的程序大同小异，以我国为例：双方参加签字仪式的人员步入签字厅。签字人入座。双方的助签人员分别站立于签字人的外侧，协助翻揭文本及指明签字处。其他人员分主方、客方按身份顺序站立于签字人座位的后排，客方人员按身份由高到低从中向右排，主方人员按身份高低由中向左排。当一行站不完时，可以按照以上顺序并遵照"前高后低"的惯例，排成两行、三行或四行。

二、签字人正式签署合同文本

通常的做法，是先签署己方保存的合同文本，再接着签署他方保存的合同文本。每个签字人在由己方保留的合同文本上签字时，按惯例应当名列首位。因此，每个签字人均应首先签署己方保存的合同文本，然后再交由他方签字人签字(由助签人交换)，其含义是在位次排列上，轮流使有关各方有机会居于首位一次，以显示机会均等，各方平等。

三、签字人正式交换已经有关各方正式签署的合同文本

此时，各方签字人应热烈握手，互致祝贺，并可交换各自方才使用过的签字笔，以作纪念。全场人员应鼓掌，表示祝贺。

四、饮香槟酒

交换已签的合同文本后，有关人员，尤其是签字人，当场饮一杯香槟酒，是国际上通行的用以增添喜庆色彩的做法。一般情况下，商务合同在正式签署后，应提交有关方面进行公证，才正式生效。

任务单　签字服务

一、设计一份签字仪式的方案。

1. 签字名称及会标

　　　　公司与　　　　公司签字仪式

2. 签字时间、地点、主持人

时间：　　　　年　　月　　日(星期　　)上/下午　　—　　时

地点：　　　　　　　　　　　(会议厅或酒店)

主持人：

3. 参加人员

有关领导、相关部门负责人、_____公司相关负责人、项目签字人员、新闻记者。

4. 签字仪式议程安排(待确定)

(1) 主持人宣布签字仪式开始,介绍主要来宾和领导。

(2) 签字:主持人作项目友好合作情况介绍,并请助签嘉宾上台,_____公司负责人×××与_____公司负责人×××分别签字,由礼仪小姐引导并摆放签字文件夹、笔。

(3) 全部项目签字结束后,礼仪小姐斟酒,嘉宾举杯庆贺。

(4) 公司代表_____致辞。

(5) 领导致辞。

(6) 记者自由提问。

(7) 主持人宣布签字仪式结束,来宾退场,进入宴会厅进餐。

5. 签字流程(待确定)

时间	内容
10:00—10:38	嘉宾签到,休息或进入会场
10:38—10:40	介绍与会嘉宾、领导
10:40—10:50	主持人开场白、签字项目简介
10:50—10:55	签字、合影
10:55—11:10	公司负责人发言
11:10—11:20	领导发言
11:20—11:30	记者自由提问
11:30	签字仪式结束,安排餐饮

6. 主要筹备工作

(1) 人员分工

① 前期准备

总监督协调:_____

策划文案:_____

场地预订、订餐:_____

场内布置:_____

媒体邀请:_____

物资准备:_____

② 现场活动

总指挥:_____

执行指挥:_____

总协调：_____

现场执行：_____

前台签到：_____

贵宾接待：_____

摄影摄像：_____

后勤：_____

(2) 筹备工作安排

① 确定签字人、参加仪式的主要来宾和领导(____年____月____日之前完成，责任人：_____)。

② 会场预订、会场落实及会场布置所需酒店负责的细项落实(____年____月____日之前完成，责任人：_____)。

(3) 会场布置

① 制作横幅、桌签，准备会场内摆放的鲜花、贵宾胸花、香槟酒及酒杯，确定礼仪小姐(需4位礼仪小姐：2位引导贵宾签到、佩戴胸花，2位引导签字人签字、摆放签字夹)。

② 签字台：暗红色平绒桌布铺底，上放小型鲜花、桌签，签字台安排主持人席，并配话筒，台前放绿色小型盆景。台前两侧放大型花篮。

二、小组成员分工策划签字仪式。

三、根据组内的策划单进行签字仪式模拟服务。

任务评价

评价项目	具体要求	评价			建议
		☺	😐	☹	
签字仪式服务	1. 了解签字仪式				
	2. 了解签字仪式的安排				
	3. 了解签字仪式的服务规程				

(续表)

评价项目	具体要求	评价			建议
		☺	😐	☹	
学生自我评价	1. 准时并有所准备地参加团队工作				
	2. 乐于助人并主动帮助其他成员				
	3. 遵守团队的协议				
	4. 全力以赴参与工作并发挥了积极作用				
小组活动评价	1. 团队合作良好，都能礼貌待人				
	2. 工作中彼此信任，互相帮助				
	3. 对团队工作都有所贡献				
	4. 对团队的工作成果满意				
总计		个	个	个	总评

在签字仪式服务的学习中，我的收获是：

在签字仪式服务的学习中，我的不足是：

改进方法和措施有：

任务五 座谈会服务

工作情境

　　座谈会是人们为了交换意见及看法或为了纪念某一特殊日子及事件而进行的一种会议形式。会议规模不大，与会者人数不多。北京市××学校将与澳大利亚××学院召开座谈会，就学生学业评价交换意见。请大家为这次会议进行服务。

具体工作任务

● 熟悉座谈会服务。

活动 座谈会服务

你知道座谈会有哪些台形吗？我们应该提供什么样的服务呢？

信息页 座谈会服务

会前要求服务人员将会场布置成带有漫谈气氛的场所。有些正式的、高规格的座谈会需要悬挂横幅，说明会议主题。座位一般摆为圆形、椭圆形、回字形等。如有必要，还应根据主题布置鲜花、盆景等。座谈会服务程序，如表2-5-1所示。

表2-5-1 座谈会服务程序

服务阶段	服务内容
会议开始前	会前30分钟，准备好茶水、毛巾等，并调节好空调设备与灯光
会议进行中	勤添茶水，注意与会者是否有其他需要等
会议结束后	先撤下茶水、毛巾，然后清扫、整理场地，最后关闭电源及门窗等

任务单　座谈会服务

以小组为单位设计一次座谈会，并为这次会议进行服务。

人员分工：

布置会场：

座谈会服务评价表

评价标准	组内评价			组间互评			教师评价		
	☺	😐	☹	☺	😐	☹	☺	😐	☹
会议开始前									
会议进行中									
会议结束后									

任务评价

评价项目	具体要求	评价			建议
		☺	😐	☹	
座谈会服务	熟悉座谈会服务				
学生自我评价	1. 准时并有所准备地参加团队工作				
	2. 乐于助人并主动帮助其他成员				
	3. 遵守团队的协议				
	4. 全力以赴参与工作并发挥了积极作用				
小组活动评价	1. 团队合作良好，都能礼貌待人				
	2. 工作中彼此信任，互相帮助				
	3. 对团队工作都有所贡献				
	4. 对团队的工作成果满意				
总计		个	个	个	总评

在座谈会服务的学习中，我的收获是：

在座谈会服务的学习中，我的不足是：

(续表)

评价项目	具体要求	评价			建议
		😊	😐	☹	
改进方法和措施有：					

任务六 工作会议服务

工作情境

工作会议一般指各类领导机关或企事业单位讨论或研究某项工作或任务的会议。这类会议的规模一般不大，与会人员也不是太多。

具体工作任务
- 熟悉工作会议服务。

活动 工作会议服务

信息页 工作会议服务

会场的布置包括会场四周的装饰和席位的配置。较重要的会议，根据需要可在场内悬挂横幅，门口张贴欢迎和庆祝标语。会场可摆放适量的青松盆景、盆花。桌面上的茶杯、垫盘等，应擦洗干净，摆放整齐。

一、工作会议服务程序

工作会议服务程序与座谈会服务程序一致，如表2-5-1所示。

二、座席的配置

座席的配置要适合会议的风格和气氛，讲究礼宾次序，主要有以下几种形式。

1. 圆桌形

圆桌形，即使用圆桌或椭圆形桌子。这种布置与会者同领导一起围桌而坐，从而消除了尊卑不平等感觉，适用于10～20人的会议。

2. 口字形

口字形，即用长方桌围成一个很大的口字形。这种形式比圆桌形更适用于较多人数的会议。比较严肃正规的会议，为突出与会者的等级，表现最高领导者的权威性，也可采用口字形安排，但中心在一头。有些重要会议，为体现东道主与来宾平等相处和对来宾的尊重，虽然也采用口字形，但中心在两头。

任务单　设计工作会议

以小组为单位设计一次工作会议，并为这次会议进行服务。

人员分工：

布置会场：

工作会议服务评价表

评价标准	组内评价			组间互评			教师评价		
	😊	😐	☹	😊	😐	☹	😊	😐	☹
会议开始前									
会议进行中									
会议结束后									

任务评价

评价项目	具体要求	评价			建议
		😊	😐	☹	
工作会议服务	熟悉工作会议服务				
学生自我评价	1. 准时并有所准备地参加团队工作				
	2. 乐于助人并主动帮助其他成员				
	3. 遵守团队的协议				
	4. 全力以赴参与工作并发挥了积极作用				
小组活动评价	1. 团队合作良好，都能礼貌待人				
	2. 工作中彼此信任，互相帮助				
	3. 对团队工作都有所贡献				
	4. 对团队的工作成果满意				
总计		个	个	个	总评

在工作会议服务的学习中，我的收获是：

在工作会议服务的学习中，我的不足是：

改进方法和措施有：

任务七 典礼仪式服务

工作情境

典礼主要有开幕式、闭幕式和颁奖仪式等。开幕式、闭幕式是各种会展活动正式开始前和结束时的礼仪和庆典活动。通过开幕式、闭幕式，可以起到扩大社会影响、提高社会知名度、树立主办单位良好社会形象的作用。

单元二 体验会议服务

　　2008年奥运会在中国北京顺利召开,开幕式上美轮美奂的表演给每位观众留下了深刻的印象,同学们还记得开幕式、闭幕式的程序吗？

　　学校每一学年度都会举行开学典礼仪式,欢迎新同学的到来,给他们鼓劲加油。还有一年一度的技能大赛,亦给同学们留下了深刻的印象,你能为大赛设计一个高质量的开幕式、闭幕式吗？

具体工作任务

- 掌握开幕式的程序；
- 掌握闭幕式的程序；
- 掌握颁奖仪式的程序。

活动一　掌握开幕式的程序

让我们一起来了解一下开幕式吧！

信息页　开幕式的程序

开幕式、闭幕式一般在活动现场举行。现场可摆放花篮、悬挂彩旗和标语，也可根据内容需要播放音乐、表演舞蹈、奏琴鼓瑟，以体现热烈隆重的气氛。时间较长或规模较大的开幕式和典礼，可设主席台并摆设座位；时间较短或规模较小的，一般站立举行，但事先应划分好场地以便维持现场秩序。主持人、致辞人和主要贵宾应面向群众代表。如场面较大，应安置扩音设备。

涉外的重要开幕式，还应悬挂有关国家的国旗。

签到是举行开幕式、闭幕式的重要环节，既表示对来宾的欢迎，又可以留作纪念。一般用簿式签到，签到用的笔墨也应一并准备齐全。签到处要设有醒目的标志，并安排礼仪人员接待。庆祝性的开幕式典礼还要给来宾和领导准备胸带和胸花。

会标是开幕式、闭幕式等典礼活动现场最引人注目的装饰，其大小要与会场大小相协调，色彩要与主题相一致。会标的文字应当揭示活动的主题，有时还可以反映主办单位和活动的日期。

(1) 大型活动的开幕式前可安排乐队演奏、歌舞表演等，以增加欢快气氛。

(2) 来宾签到留念，并由现场工作人员为其佩戴胸花或来宾证，然后引入主席台贵宾区就座或站立，陌生的来宾应由工作人员向主办单位领导介绍。

(3) 司仪介绍出席开幕式的领导并介绍到会嘉宾，而后宣布仪式由谁主持。主持人宣布仪式开始，重要的开幕式应奏国歌，涉外活动奏参与国的国歌。

(4) 请有关领导按主宾顺序致辞，一般先由主办单位的领导发表简短的主题讲话，然后由来宾代表致贺词，最后是主办方身份最高的出席者致开幕词。

(5) 剪彩时身份最高的人员居中，其他剪彩人员按身份高低先左后右顺序排列；双方联合主办的剪彩仪式，则按主左宾右的惯例排列；播放音乐，参加人员鼓掌祝贺。

(6) 为使仪式内容更为丰富，可安排相关文艺体育表演，或根据实际需要安排参观、植树等活动。

(7) 最后还可邀请领导和来宾留言或题词。

案例分享　第四届中国(哈尔滨)国际老年人用品博览会开幕式程序

(1) 邀请国家、省、市有关领导及专家出席开幕式、剪彩并发表重要讲话。

(2) 老年用品生产、经营、销售、代理等权威企业代表向社会承诺，确保产品质量安全。

(3) 博览会开幕式上有省内各大媒体进行现场采访、直播，有军乐队为开幕式助威，博览会场内有老年服装展示、舞蹈、歌咏等表演提升展会的文化艺术品位，会场外有多支老年秧歌队为大会助兴，同时亦可作为企业的形象宣传。

(4) 会场内外悬挂标语、口号以及宣传条幅和设置彩虹门、气球等烘托会场气氛。

【分析与提示】

上述案例是一次展会活动的开幕式安排，虽然简短，但将开幕式的程序、出席嘉宾、仪式的特色活动和场地的布置等要素都进行了具体的安排。尤其是与展会的主题相呼应，安排的老年表演和秧歌活动是很有创意的。

任务单　设计开幕式

学校每年都会举行技能大赛，请为技能大赛设计一次开幕式。

活动二　掌握闭幕式的程序

我们掌握了开幕式的程序，一起来学习一下闭幕式吧！

信息页一　闭幕式的程序

(1) 致辞。举行一般的会议，应由主办单位的领导人致闭幕词。闭幕词一般要对会议或活动进行总结，对会议精神的贯彻落实提出要求和希望，最后宣布会议或者活动圆满结束。

(2) 党的代表大会闭幕时应齐唱《国际歌》。

(3) 节庆活动、展览会等大型活动，闭幕式后还可以举行一些文艺和体育表演，以示庆祝。

信息页二　开幕式、闭幕式现场服务的细节

(1) 明确现场工作人员及分工，落实现场总指挥、礼仪人员、安保人员和接待人员等。
(2) 特殊活动议程和相应礼仪物品的准备及人员安排。
(3) 领导和贵宾的排序及其姓名、职务等信息的核对。
(4) 确定致辞人、剪彩人的次序及站位。
(5) 音响、乐队、礼花等的配置。
(6) 嘉宾签到簿、胸花、剪彩用品、公关礼品的准备与核对。

知识链接　奥运会的开幕式与闭幕式

一、奥运会开幕式

开幕式历来都是奥运会的重头戏。在开幕式上既要体现出以和平、团结、友谊为宗旨的奥林匹克精神，也要展现出东道国的民族文化、地方风俗和组织工作的水平，同时还要表达对世界各国来宾的热情欢迎。开幕式上，除了进行一系列基本的仪式外，一般都有精彩的富有民族特色的团体操和文艺或军事体育表演。

开幕式主要有以下仪式：奥运会组委会主席宣布开幕式开始。国际奥委会主席和当届奥运会组委会主席在运动场入口迎接东道国国家元首，并引导其至专席就座。各代表团按主办国语言的字母顺序列队入场，但希腊和东道国代表团例外，希腊代表团作为奥运会发祥地的象征最先入场，东道国最后。

各国代表团入场后，接下来是奥运会组委会主席讲话，国际奥委会主席讲话。东道国国家元首宣布奥运会开幕。奏《奥林匹克圣歌》，同时奥林匹克旗以水平展开形式进入运动会场，并从赛场的旗杆上升起。然后是奥林匹克火炬接力，进入运动场，最后一名接力运动员沿跑道绕场一周后，点燃奥林匹克圣火，全场放飞鸽子。各代表团的旗子围绕讲台形成半圆形。主办国的一名运动员登上讲台，左手执奥林匹克旗的一角，举右手，宣读以下誓言："我以全体运动员的名义，保证为了体育的光荣和我们运动队的荣誉，以真正的体育道德精神参加本届奥林匹克运动会，尊重并遵守指导运动会的各项规则。"

紧接着，主办国的一名裁判员登上讲台，以同样的方式宣读以下誓言："我以全体裁判员和官员的名义，保证以真正的体育道德精神，完全公开地执行本届奥林匹克运动会的职务，尊重并遵守指导运动会的各项规则。"

宣誓完毕，奏或唱主办国国歌，各代表团退场。这些仪式结束以后开始团体操或其他文艺表演。这是历届奥运会开幕式工作量最大、准备时间最长、花费最多的项目，东道国往往提前一两年开始准备，并挖空心思，以期能以恢弘的气势、独特的民族精神吸引来宾。开幕式的成败与否，在很大程度上取决于团体操和表演的效果。

二、奥运会闭幕式

开幕式突出的是庄严、隆重，闭幕式则多一些欢乐的气氛。必不可少的程序有各代表团的旗手按开幕式的顺序一列纵队进场，在他们后面是不分国籍的运动员队伍。旗手在讲台后形成半圆形，国际奥委会主席和当届奥运会组委会主席登上讲台。希腊国旗从升冠军国旗的中央旗杆右侧的旗杆升起，主办国国旗从中央旗杆升起，下届奥运会主办国的国旗从左侧旗杆升起。主办城市市长登上讲台，并把会旗交给国际奥委会主席，国际奥委会主席把旗交给下届奥运会主办城市的市长。

奥运会组委会主席讲话，国际奥委会主席致闭幕词。紧接着，奥林匹克圣火在军号声中熄灭，奏《奥林匹克圣歌》的同时，奥林匹克会旗徐徐降下，并以水平展开形式送出运动场，旗手紧随其后退场。同时奏响欢送乐曲，各代表团退场。

最后，进行精彩的文艺表演。

来源：中国奥委会网站

任务单　设计闭幕式

技能大赛圆满结束了，请为技能大赛设计一次闭幕式。

活动三　掌握颁奖仪式的程序

颁奖仪式是一种奖励和庆祝活动，一般是颁授学位，颁发奖章、勋章等，用于对作出突出贡献或业绩优秀的人士进行表彰或认可。颁奖仪式的组织应营造热烈、欢快而隆重的气氛。那么，颁奖仪式的程序是怎样的呢？

信息页　颁奖仪式的程序

颁奖仪式的程序拟定有两个原则：一是时间宜短不宜长，为了尊重全体出席者，确保效果，时间不要超过一小时；二是程序宜少不宜多，程序过多会延长时间，分散与会者的注意力，并给人以凌乱之感。依照常规，颁奖仪式大致包括以下几项程序。

一、常规程序

(1) 请来宾入座，宣布仪式正式开始。

(2) 介绍嘉宾。

(3) 主办单位主要负责人致辞。

(4) 宣读颁奖名单。

(5) 上台领奖。

二、特殊程序

有时，颁奖仪式根据所在行业领域的情况，可在颁奖之余安排一些有特色的活动，以活跃现场气氛。

(1) 获奖嘉宾(代表)感言。

(2) 文艺演出。

任务单　颁奖服务

为在学校技能大赛中胜出的技术能手设计一次颁奖服务。

任务评价

评价项目	具体要求	评价			建议
		😊	😐	☹️	
典礼仪式服务	1. 掌握开幕式的程序				
	2. 掌握闭幕式的程序				
	3. 掌握颁奖仪式的程序				
学生自我评价	1. 准时并有所准备地参加团队工作				
	2. 乐于助人并主动帮助其他成员				
	3. 遵守团队的协议				
	4. 全力以赴参与工作并发挥了积极作用				
小组活动评价	1. 团队合作良好，都能礼貌待人				
	2. 工作中彼此信任，互相帮助				
	3. 对团队工作都有所贡献				
	4. 对团队的工作成果满意				
总计		个	个	个	总评

在典礼仪式服务的学习中，我的收获是：

在典礼仪式服务的学习中，我的不足是：

改进方法和措施有：

任务八 视频会议服务

工作情境

视频会议，是运用现代通信技术和计算机技术召集相距遥远的不同地点的单位和人员举行的会议。视频会议主要具有3方面的特点：一是科技含量高；二是超越传统会议的时间和空间；三是实现会议的无纸化。

同学们，你们知道怎样进行视频会议服务吗？

××公司将与××公司进行一年一度的视频会议，你作为会议服务人员中的一员，请认真完成这次会议的服务工作。

具体工作任务

- 掌握远程电话会议；
- 掌握远程电视电话会议；
- 掌握远程计算机网络会议。

活动一 远程电话会议

远程电话会议是利用程控电话的"会议电话"功能召集不同地点的人员举行电话会议。它具有方便灵活、时间安排自由的特点，让我们一起来了解一下吧！

信息页 远程电话会议

进行远程电话会议的会务工作程序要点如下。

(1) 发出会议通知。

(2) 寄发会议书面材料。

(3) 安排好主会场与分会场。

(4) 接通电话。

(5) 相互通报出席情况。

(6) 做好会议记录。

所有参加电话会议的人员至少应提前5分钟进入会场，做好充分的准备。会议时间一到，由召集方以主叫的方式接通与会各方。具体操作程序如下。

① 会议召集人拿起电话，听到拨号音后，在双音频电话机上按"*2#"，听到第二次拨号音后，拨通第一个与会者的电话。

② 再按一下R键或拍一下叉簧，听到拨号音后，再按"*53#"，听到第二次拨号音后，拨通第二个与会者的电话。

如此循环操作，便可完成参加会议各方的电话接入程序，开始正式的议程。

会议结束各方挂机后，登记自动注销。

任务单　模拟远程电话会议

搜集电话会议案例，并在小组内交流、模拟。

活动二　远程电视电话会议

你知道什么是远程电视电话会议吗？

信息页　远程电视电话会议

远程电视电话会议是利用全像电视电话系统把图像和声音传送到各个分会场的远程会议。由于实现了图像和声音的同时传送，因此可以直接观察到各个系统召集的远程会议。摄像机拍下各会场的镜头，连同声音一起通过通信线路传送会场实况，还可以通过电视画面传送文件，其效果大大优于单纯的电话会议。

举行远程电视电话会议，应注意以下几点。

(1) 发出会议通知。

(2) 寄发会议书面材料。

(3) 安排好会场。

(4) 准时开会、散会。

(5) 先集中、后分散。

(6) 汇总情况。

任务单　远程电视电话会议

小组讨论：在远程电视电话会议的服务中你应该做些什么呢？

活动三 远程计算机网络会议

你知道什么是远程计算机网络会议吗?让我们一起来了解一下吧!

信息页 远程计算机网络会议

远程计算机网络会议是利用计算机和通信网络来召集的远程会议。在突破传统会议的时空限制方面,远程计算机网络会议比电视电话会议更为彻底。电视电话会议虽然无须集中地点,但必须约定在同一时间举行。如果考虑到时差的影响或者与会者另有其他公务,电视电话会议就会相当不方便。而远程计算机网络会议则完全没有这种定时会议的限制。会议主持人可随时通过计算机和通信网络将自己的意见传送到各方的网络终端,各方的终端会自动记录存储。与会者可在任何时间查阅记录并以同样的方式向会议主持人以及其他各方反馈自己的意见。

远程计算机网络会议没有时间、空间上的限制,可以同时在一个时间节点上进行,也可以在不同时间举行,一次会议可短至几小时,也可延长至几个星期,与会者有足够多的时间深思熟虑。此外,在会议无纸化方面,它比电视电话会议更为优越。

目前,举行远程计算机网络会议主要有两种方式:一种是通过收发电子邮件的方式召开,这种方式一般只能发送文字信息和图片信息;另一种是以多媒体方式召开,在网上同时传输语音、文字和动态图像信息。后者对硬件和软件的要求更高。举行远程计算机网络会议要做好以下几方面的工作。

(1) 建立会议制度。包括限时反馈制度和网络例会制度。

(2) 建立网络联系。与会各方都要建立自己的网站或网页。有条件的单位,还可以建立局域网,实现内部会议信息资源共享。

(3) 保存会议信息。由于计算机病毒或操作失误，可能会使会议信息丢失，造成不可估量的损失。因此，要随时将会议信息备份，以保证会议效果万无一失。

(4) 开发会议软件。远程计算机网络会议是一个新生事物，具有强大的生命力，是现代会议发展的方向之一。它也是一项不断发展完善的技术，会议软件的开发就是其中一个方面。使用一般软件可以实现语音、文字和图像的双向交流，但要完成会议签到、记录实名投票结果、签发会议文件等工作程序，还有待于开发更新、更好的会议软件。

知识链接

现代远程会议有一个共同的特点，即都是通过有线或无线(如卫星通信)网络传送信号的。但网络安全度不高，很容易泄密，必须高度重视。为了确保现代远程会议中相关机密的安全，应注意以下几点。

(1) 移动电话、普通固定电话和民用电视传输系统不得用于召开秘密会议。

(2) 保密电话会议必须使用专门的设备。

(3) 采取严格的保密措施。

(4) 涉及绝密级的机密事项不得采用现代远程会议形式。

任务单　远程计算机网络会议

小组讨论：在远程计算机网络会议的服务中你应该做些什么呢？

任务评价

评价项目	具体要求	评价			建议
		☺	😐	☹	
视频会议服务	1. 掌握远程电话会议				
	2. 掌握远程电视电话会议				
	3. 掌握远程计算机网络会议				
学生自我评价	1. 准时并有所准备地参加团队工作				
	2. 乐于助人并主动帮助其他成员				
	3. 遵守团队的协议				
	4. 全力以赴参与工作并发挥了积极作用				
小组活动评价	1. 团队合作良好，都能礼貌待人				
	2. 工作中彼此信任，互相帮助				
	3. 对团队工作都有所贡献				
	4. 对团队的工作成果满意				
总计		个	个	个	总评

在视频会议服务的学习中，我的收获是：

在视频会议服务的学习中，我的不足是：

改进方法和措施有：

单元三

会议策划

会议策划就是根据客户的需要、会议的级别，选择合适的会议形式和会议举办地，对场地环境进行设计，具体分析各种情况，为举办会议作出完美的策划方案。

会议策划是会议的生命力所在，独具匠心的会议策划是会议成功的前提，包括：主题的选定、会议类型、行程安排、组织协调等。会议策划要把对会议成功起作用的全部因素进行综合考虑、安排，始终把握住会议的内容和总目标，以设计详尽的方案，保证会议的成功。

工作情境

2018年3月,为迎接"三八国际妇女节",北京市委为辛苦工作的局级以上女领导干部,以"梅之蕊"为主题举行庆祝活动。此活动采取座谈联欢的形式,具有女性特色,以使女干部们放松身心、愉快交流,感受到领导的关怀。

会议时间	2018年3月8日19:00	
会议地点	北京某四星级酒店	
会议类型	座谈联欢	
参会人员及人数	1. 副市长、妇联主席	2人
	2. 局级以上女干部	80人
	3. 主办区领导	8人
主办单位	某区委、区妇联	
会议设计	北京市××旅游职业学校	

具体工作任务

- 熟悉会场装饰设计;
- 熟悉会议服务环节设计。

活动一 会场装饰设计

会场装饰设计应突出会议主题,营造会议气氛,要布局合理、特色鲜明。这次以"梅之蕊"为主题举行庆祝活动突出女性特点,对会场的装饰设计,你有什么好主意吗?同学们一起来献计献策吧!

信息页一 会场装饰设计

一、会议场地设计的原则

(1) 政治性会议设计原则:庄严、肃穆。

(2) 总结会、表彰会会议设计原则:隆重、朴实,气氛热烈。

(3) 产品推广、展示会议设计原则:突出产品主题。

(4) 研讨会、经验交流会设计原则:简洁大方,有学术氛围。

(5) 大型集会设计原则：场面宏大，有气势和感召力。

二、会场装饰陈设和布置

1. 党(团)委(代)会

(1) 主席台中央悬挂党(团)徽(旗)，两边各5面红旗，正竖或45°斜插均可。

(2) 主会标一般采用红底黄(白)字。

(3) 回头标一般采用红底黄(白)字。

(4) 主席台鲜花。

(5) 绿色植物。

(6) 座(立)式话筒。

(7) 要求庄重、严肃。

(8) 使用课堂式台形。

2. 人代(大)会

(1) 主席台悬挂国徽(旗)、两边各5面红旗(同上)。

(2) 其他同上。

3. 政协会

(1) 主席台中央悬挂政协会徽，两边各5面红旗。

(2) 其他同上。

4. 总结会、表彰会

(1) 一般只有会标和回头标。

(2) 红旗。

(3) 鲜花。

(4) 绿色植物。

(5) 其他同上。

(6) 提前确定颁奖礼仪小姐、颁奖顺序、台次。

5. 经验交流会、研讨会

(1) 立式话筒。

(2) 幻灯机(投影仪)。

(3) 无线或座式话筒。

(4) 鲜花和绿色植物。

(5) 主题标。

(6) 展示牌。

(7) 台形可以是课堂式，也可以是口字形。

6. 产品订货(展示)会

(1) 主题突出，可以是××产品说明会，也可以是××产品的放大模型或变异模型。

(2) 台形可以是因地制宜形，也可以是任意形或按组织者划分场地布置。

(3) 展板(台)设置，可以是事先设置好的活动式，也可以临时搭制，或用实物放大模型。

(4) 文字说明详细，语言简练，图文并茂、醒目，大小适中。

信息页二　会议场地布置的方式

根据会议的人数和目的布置场地，可以选择室内、室外、剧院式、教室式、弦月式、宴会式、长桌式、U形式、圆形式、回形中空式、椭圆形式等各种台形布置。

一、剧院式

剧院式，即面向房间前方摆放一排排座椅，中间留有较宽的过道。其特点是：在留有过道的情况下，尽可能多地摆放座椅；观众没有地方放资料，也没有桌子可用来记笔记，如图3-1-1所示。

图3-1-1　剧院式

二、教室式

教室式，即房间内将桌椅安排端正摆放或呈V形摆放。按教室式布置房间可根据桌子的大小而有所不同。其特点是：可根据房间面积和观众人数，在安排布置上有一定的灵活性。

三、弦月式

弦月式，即房间内放置一些圆形或椭圆形桌子，椅子只放在桌子的一边，以便所有观众都面向屋子的前方。

四、回形中空式

回形中空式，即桌子摆成方形中空，不留缺口，椅子摆在桌子外围，如图3-1-2所示。

图3-1-2 回形中空式

五、马蹄形或U形式

马蹄形或U形式，即将桌子连接着摆放成长方形，但空出一个短边。椅子摆在桌子外围，也可内外都摆放，如图3-1-3所示。

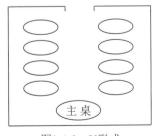

图3-1-3 U形式

总之，应针对会议主题和会议要求进行场地设计，使与会者在我们精心设计的场景中，感受到热烈欢快的气氛。会场设计要求创意非凡：根据主题和内容，结合场地的环境特色，确定创意突破点，策划一系列室内与室外兼顾的活动项目，并综合运用多种声、光、电等手段，使全体参会者获得一种生动、难忘的情境体验。

信息页三 会议设计的原则

一、真、善、美的统一

真、善、美既相区别，又相统一。真，就是客观事物所具有的规律性，是美的基础，不真即不美。善，就是人的主观目的，是美的前提，不善也不美。美并不是孤立的，真与善是美的基础和前提；但只求真与善，而不顾及美丑，导致各地会议建筑物、展馆"千人一面"，过于雷同，内外环境缺乏审美情趣，必将损害真与善。

真与善的统一，即合规律性与合目的性的统一，也就是客观世界的必然性与主体——人的自由创造才能在实践中统一；而美则是人的能动的创造力量的客观具体的表现。现代会议场所(展馆)应体现真、善、美的统一，正确反映客观现实的需要。为了实现合目的性的需求，应该在选址、造型及装修上，力求选择合理优美的环境，创造美好的建筑形式和艺术形象，既要重视效益，又不能忽视人的审美需求。

二、自然美与人工美的结合

风景区应以自然美为主。会议场所(展馆)人工美可以充实、丰富、强化自然美，使两者和谐地结合。为此，要正确选址，严格控制尺度、造型、风格、色调等审美因素，力求把建筑融入周围的自然风景。

风景区美学思想的核心是保护自然美，将人工美与自然美和谐地结合起来。为了取得与周围自然美的和谐融合，会议场所(展馆)要讲究含蓄，要藏而不露、若隐若现，不要一览无遗。

三、实用与审美的一致

一切建筑都是为了满足社会使用需要而产生的。会议场所(展馆)与其他居住建筑一样，首先是供人享用的。但作为建筑艺术的一种特殊形式，它既然是存在于现实空间的实体，就不能不给人以精神上的满足，也就是使人达到赏心悦目的审美需要的目的。人们习惯地把它概括为"实用"与"美观"两个因素。就会议场所(展馆)来说，"实用"也就是要满足宾客的物质生活的需要，从建筑的选址、造型、布局、内部装潢，到会议厅室的面积、层高、材料、结构、色彩、采光照明、温湿度及噪音控制等都要符合室内生活的需要，使参会者感到舒适安静、清洁卫生、安全与方便。

四、时代感与民族化，共性与个性的统一

所谓时代感，就是这个时代所表现的普通性格，也就是共性。由于会议场所(展馆)的室内环境、使用对象很不固定，因此，为了适应各种层次客人的需求，在其室内装修上首先要强调共性。所谓共性，就是要满足客人对舒适性、清洁卫生、安全感、安静感等的共同需求。会议场所(展馆)要运用一切可以利用的现代化物质技术手段，创造一个人人都能接受，都感到舒适优美的理想环境。

所谓民族化，就是地方性，也就是个性。这也是现实生活和时代提出的要求。我国是一个有着五千年历史文化的文明古国，外国人不远万里来到中国，希望接触当地居民的普通生活和风土人情，越是有中国味的东西越具有吸引力。因此，会议场所(展馆)的室内装修应该充分考虑民族化、地方性。

为了适应各种层次参会人员的审美情趣，会议场所(展馆)既要讲共性，也不能忽视个性。它可以是现代式、古典式或宫廷式，也可以是园林式、民间式或乡土式；或古色古香或新颖别致，或豪华富贵或淳朴典雅；有的以洋取胜，有的以土为美，"八仙过海，各显神通"。如人民大会堂、中国美术展览馆，突出了中国古典之美；而上海国际会议中心则显示了海派风格，给人以强烈的时代气息。因此，会议场所(展馆)的设计、建造及装修应考虑当地的环境特点，因地制宜，把时代感与民族化结合起来，把共性与个性统一起来，这是一条十分重要的美学原则。

信息页四 会议设计的要素

一、意境美

意境是中国特有的美学范畴。意是艺术家情感、理想的主观创造，境是生活现象的客观反映。意境是主观与客观结合的产物，是艺术家在完成的作品中所表现出来的一种艺术境界，即所谓"言外之意，物外之境"。对于意境的追求，历来是中国民族艺术的灵魂。

心理学认为，这种"言外之意，物外之境"之所以能在观者的心中产生，是通过人的记忆联想而唤起以往的经历和经验，所谓"触景生情"，达到"情景交融"的境界。如广州某宾馆中庭设计的主景"故乡水"，取材于民间谚语"美不美，家乡水"。摩崖石刻"故乡水"和"别来此处最萦绕"的题刻，令人回味无穷。加上潺潺流水，萋萋芳草，颇能勾起海外游子为之魂牵梦绕的眷恋故国之情。

意境为什么能产生强烈的美感呢？

首先，意境具有生动的形象。"骏马秋风塞北"表现的是雄伟、苍茫、壮烈；"杏花春雨江南"表现的则是轻灵、妩媚、秀丽的美感；"大漠孤烟直，长河落日圆"表现的是空旷、浑厚、沉雄的境界；而"梦后楼台高锁，酒醒帘幕低垂"则又是另一种空虚怅惘的情景。它们都是以生活形象的点染，而勾起人的美感。因为它们集中了现实中美的精髓，抓住了生活中那些能激起某种情感的特征。

其次，意境中的景物是浸透了情感的，滤掉芜杂的东西，故是情中景。也就是说，感情真挚，才能引起美感。

再次，意境常常采用含蓄的手法，唤起欣赏者的想象。"万绿丛中红一点，动人春色不须多"，形象鲜明，却并不是一览无余，留给欣赏者以想象的余地。

会议场所(展馆)的意境功能，必须意在笔先。设计者要在室内环境中追求一种高超脱俗的意境，应该把自己的立足点扎在民族深厚的文化土壤之中，创意铸境，运用一切艺术手段，创造出各种富有诗情画意的优美意境。

二、整体美

美存在于整体和谐之中。会议场所(展馆)室内环境设计，为了取得整体美的效果，必须事先进行整体艺术构思。为了表现一种特定的气氛和情调，要把地毯、家具、窗帘、台布、床罩、灯具以及各种日用器件和装饰摆件组合起来，互相配合、各得其所。一个室内环境的艺术品质高低，不在于采用什么名贵的材料及各件物品本身造型、纹饰、色调如何的美，而应看其系列组合的装饰效果。

为了达到室内环境的整体美，对建筑平面、地面的装修用料、做法，家具设计及布置，照明方式，灯具及照度、色光，壁画装饰艺术品、色调与图案等方面，都必须进行整体的艺术构思和设计。所有工艺品设计，除注意本身的艺术性外，还需要特别注意与所在环境的关系，尺度、格调、色泽及内容都应服从室内空间的要求。

必须把室内环境看作一个整体。不论采用哪种装饰风格，都要符合形式美的规律，讲究相地布局，依境置物；置阵布势，量体裁衣；层次穿插，烘托有序；虚实掩映，变化有致；高低错落，彼此呼应；华素适宜，繁简有度；光影交织，疏朗风韵。务求基调清晰、主从分明、重点突出、点缀贴切。切不可各行其是、独善其身。要把各个部分之间的配合协调视作决定室内环境整体美成败的关键。室内建筑装修、陈设艺术、生活用品以及工作人员的服装，都要注意和室内环境气氛相协调，符合特定功能的需要。

室内环境的整体美，也就是妥善处理适用、经济、美观及方便管理的整体关系。在整体构思过程中，要把功能(适用)放在首位，根据不同的等级标准，选择合理的装修标准(经济)，展现令人赏心悦目的环境气氛(美观)。

三、造型美

空间造型是室内设计的灵魂。千百年来，各种不同的空间形象，已经逐渐形成它们自己的造型语言。

空间的大小：大，表示豪华、高贵，公共社交；小，表示紧密、压抑和贫寒。

空间的高低：高，表示神秘、威严、庄重、深奥、恐怖；低，表示亲切、温暖、和谐、平易和压抑。

空间的轴线：直线轴线表示庄重、尊严、集中、纪律；曲线轴线表示活泼、变动、情趣和亲切。

空间的分隔：表示纪律、秩序、理智、保密、安全和清静。

空间的复合：表示趣味、变化、团结、合作、开明和坦率。

空间的上升：表示活泼、热情、等级、追求、趣味和力量。

空间的韵律：表示丰富、智慧、艺术、高雅、秩序和规律。

空间的实虚：实，表示坚固、力量、隔离和停止；虚，表示欢迎、进入、连续和通过。

空间的动态：表示热情、追求、活泼、导向、神秘、不安和警告。

空间的外延：表示光明、开朗、愉快、探索和希望。

室内空间形象是通过室内建筑形成结构的，如天花板、墙壁、柱子、地面等建筑构件以及家具、灯具、帷幔、花坛、陈设艺术品等是通过形、色、量感、质感和空间感、布局等来表现的。

室内空间美的探索，最重要的是处理好虚与实的关系。"实"是手段，为的是追求理想的、美的室内空间；"虚"是目的，功夫用在"实"上，为的是能折射、回荡出某种陶冶人的情操、升华美的空间的境界。一切室内造型手段是实体，本身再美，若构成的室内空间"虚体"不美，则环境美也将落空。反之，如果不以"实"去表现，那么，"虚"的空间造型美也就无落脚之处，美也无以寄托。

会议场所(展馆)的各种不同的室内空间，尽管尺度多变、功能各异、个性强烈，但仍应该服从建筑物整体的空间艺术构思，融合于既丰富又统一和谐的美感中，这是构成室内空间美的重要因素。

今天，人们对空间、环境的要求，已经不仅仅满足于物质的丰富和表层信息变化的享用，更进而追求深层心理的、感情的交流和陶冶，要求人——建筑——环境以及人——社会——自然之间关系的高度协调。故而大胆运用我国传统的"借景"手法，可以沟通室内外空间，使空间延伸扩大，打破封闭感，开拓人们的视野，引进室外自然美，丰富室内的精神生活。

四、色彩美

色彩是人们生活的伴侣，正确地使用色彩不仅能使人赏心悦目、心情愉快，而且有益于工作、生活和健康。

室内环境色彩美是构成环境美的重要因素，也是改善室内环境功能不可缺少的手段。

色彩具有感情象征。例如红色是兴奋、热烈、温暖、热情、喜庆、欢乐和吉祥的感情象征；黄色给人以明朗、欢乐、崇高、神秘、华贵的感觉；蓝色是忧郁而悲哀的；绿色表示平静而稳定等。

色彩的表情性，还表现为寒冷与温暖、沉静与激动、前进与后退、活泼与忧郁、华丽与朴素、轻松与沉重、膨胀与收缩等不同的意味。

色彩必须组成色调，才能给人以强烈的感染力，赋予动人的魅力和美感。色调，也就是统一的色彩倾向，有冷暖、明暗以及红绿之分。要充分利用色彩的色相、明度、彩度和寒度等性能，创造出各种丰富的色调，以适应现代环境的各种需求。

用色之妙，着眼于少。色彩与材料配合形成统一的基调。最忌五彩缤纷，没有主次，必须确定基本色调(主色调)。作为会议场所(展馆)室内环境色彩的主旋律，其决定室内环境的气氛和情调。

五、材质美

室内环境形象给人的视觉和触觉感受，很大程度上取决于装修材料的选择与运用。材料表面的精、粗、光、涩，常常影响到色彩的寒暖感和深浅变化，质地的松软与挺括、柔韧与坚硬，也易使人引发凝重或明快的联想。

根据室内环境的功能要求，结合总体艺术构思，全面综合地考虑不同材料的特性，巧妙地运用材质的特征，以其自身内涵的合理性、经济性来为室内功能和环境形象服务。

环境美不美，并非取决于高档名贵材料的堆砌。到处是红木、紫檀、大理石、镜面玻璃，有时反而会损害室内设计的匠心。

材料选用不在繁多，而在于精巧。运用得当，就是传统的建筑材料清水砖墙、混凝土也可以取得良好的艺术效果。砖、木、竹、石自古以来为我国常用的传统建筑材料。就地取材，充分利用材料的自然特性(如质感、纹路、色泽等)，结合地方条件和民族习惯，是最易体现民族形式和地方风格的。

材料之美，在于充分揭示其天然素质，而不依赖于做作的辅助手段，不使本质美受到遮掩，这才是材质美的基本特征。

六、绿化美

我国传统建筑，历来都非常重视引进绿化，美化室内环境，丰富人们的情趣。居室的绿化美最为常见的是直接在室内养花栽草，把大自然的风采浓缩在室内小小的空间，以寄托人们的高尚情操并具有很高的审美价值。

花卉、树木、山石、流水，这些自然物无须修饰雕琢，就会给人以亲切爽适的美感。室内绿化还有调节气温、湿度，降低噪音、净化空气的作用。

在会议场所(展馆)大厅里陈列盆景、盆栽和瓶插，也是引进绿化美的传统手法。它能使人顿觉生意盎然、趣味横生，在斗室之中能领略到旷野森林之态、自然山水之貌，并能使室内空间气氛洋溢着自然美感和民族气息。

七、人文美

人文美包括文化景观、民族(民俗)和宗教、神话和民间传说3个方面。人文美与自然美相协调，用人所创作的文学艺术的美去赞颂自然美，可起到点题、润色的作用，使自然美与人文美相得益彰。

会议场所(展馆)室内环境的意境创造，可以借助于厅室命名、题咏、匾联、铭刻、书画等人文美，来突出主题，烘托气氛，表现特定的境界。如××宾馆"望海楼"餐厅以一联绝妙的"八百里河山知是何年图画，十万家灯火尽归此处楼台"，构成清新而典雅的格调，使我们的眼光和思绪突破时空界限，伸向更高更远。

郁达夫先生有诗云："江山也要文人捧，堤柳而今尚姓苏。"这说明室内环境美也离不开人文美的赞颂和渲染。由此可见，人工创造的文学艺术，应该纳入环境艺术的综合体中，与其他构成因素一道通过人们的感知化为美感，使得室内环境领域与当地人文环境相呼应，从而更具独特魅力。

任务单　会场装饰设计

一、"梅之蕊"会场装饰设计。

1. 会场装饰设计的原则

2. 会场装饰设计的内容及要求

3. 分组设计

4. 提交设计方案

5. 设计方案评选

6. 优化、完善设计方案

二、场地设计方案——文字说明。

会议名称：庆祝"三八国际妇女节"女干部联谊会

会议主题："梅之蕊"

会议类型：座谈联欢

会议时间：2018年3月8日19:00

会议地点：北京某四星级酒店多功能厅

会议规模：100人左右

环境色彩：墙面(暗黄色欧式花纹墙布)

服务用品：桌布＿＿＿＿＿＿＿＿＿＿＿＿＿＿＿＿＿＿

　　　　　椅套＿＿＿＿＿＿＿＿＿＿＿＿＿＿＿＿＿＿

　　　　　餐巾＿＿＿＿＿＿＿＿＿＿＿＿＿＿＿＿＿＿

　　　　　餐具＿＿＿＿＿＿＿＿＿＿＿＿＿＿＿＿＿＿

　　　　　服务台＿＿＿＿＿＿＿＿＿＿＿＿＿＿＿＿＿

　　　　　舞台背景＿＿＿＿＿＿＿＿＿＿＿＿＿＿＿＿

　　　　　＿＿＿＿＿＿＿＿＿＿＿＿＿＿＿＿＿＿＿＿

绿植花卉：舞台装饰＿＿＿＿＿＿＿＿＿＿＿＿＿＿＿＿

　　　　　主题花台＿＿＿＿＿＿＿＿＿＿＿＿＿＿＿＿

　　　　　餐台花艺＿＿＿＿＿＿＿＿＿＿＿＿＿＿＿＿

服务员着装：＿＿＿＿＿＿＿＿＿＿＿＿＿＿＿＿＿＿＿

台形设计说明(圆桌、长桌均可，100人席面，设置服务台)：

＿＿＿＿＿＿＿＿＿＿＿＿＿＿＿＿＿＿＿＿＿＿＿＿＿＿

＿＿＿＿＿＿＿＿＿＿＿＿＿＿＿＿＿＿＿＿＿＿＿＿＿＿

三、场地设计方案——台形设计。

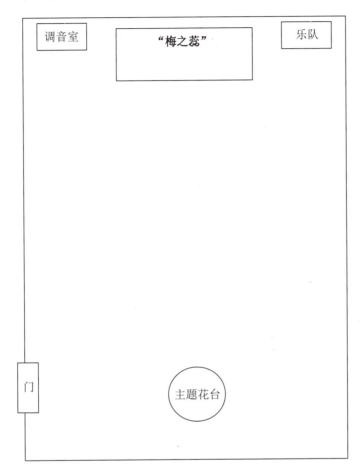

同学们分组对会议场地进行了设计,有很多具有特色的创意,让我们一起交流一下,相互借鉴,激发灵感,共同完成一个可实现的、效果好的场地设计。

场地设计评价表

组别	内容	评价			问题与建议
		☺	😐	☹	
一组	主题突出				
	富有特色				
	台形美观				
	色彩协调				
二组	主题突出				
	富有特色				
	台形美观				
	色彩协调				

(续表)

组别	内容	评价 ☺	评价 😐	评价 ☹	问题与建议
三组	主题突出				
	富有特色				
	台形美观				
	色彩协调				
四组	主题突出				
	富有特色				
	台形美观				
	色彩协调				
推优方案					

活动二 会议服务环节设计

各公司企业之所以到星级酒店召开会议，是因为酒店可以提供良好的会议环境、高档的会议设备、齐全的会议用品、优质的会议服务。酒店承接会议服务任务后，要对每一个服务环节进行精心设计，以确保会议的成功召开。

信息页 会议服务环节设计

一、会前准备

(1) 确定会议主题、与会人员级别、名额分配及出席本次会议的领导。

(2) 准备会议程序、日程安排。

(3) 确定会议召开的地点、时间、会期。

(4) 场地设计(门口、签到处、水牌、行走路线、会场)。

(5) 会议材料准备。

(6) 会议用品准备。

(7) 会议秩序、安全控制。

(8) 食、宿、行统筹安排。

(9) 主席台布置。

(10) 座次排序。

二、迎接服务

(1) 迎宾引导。

(2) 签到服务。

(3) 会议资料及纪念品发放。

(4) 贵宾室和会场的会前服务。

三、会中服务

(1) 领导到场。

(2) 主席台服务(协助入座、茶水服务等)。

(3) 来宾席服务。

(4) 茶歇服务。

四、会后服务

(1) 送客服务。

(2) 会后整理。

任务单　会议服务环节设计

下面请同学们按照标准服务程序，针对"梅之蕊"主题庆祝活动的特点与要求，设计一套独具特色的服务环节吧！

"梅之蕊"主题庆祝活动服务环节设计

阶段	时间	环节与内容	要求	用品	负责人
会前准备					
迎接服务					
会中服务					

(续表)

阶段	时间	环节与内容	要求	用品	负责人
会后服务					

　　同学们分组对会议服务环节及会议场地进行了设计，在完成会议服务的各阶段，根据会议的性质和内容，服务环节会有简有繁，各具特色。我们分组展示一下，哪一组的设计最让客户满意呢？

服务环节设计评价表

组别	评价内容	评价			问题与建议
		☺	😐	☹	
一组	时间安排合理				
	内容详尽具体				
	环节新颖创意				
	人员分工合理				
二组	时间安排合理				
	内容详尽具体				
	环节新颖创意				
	人员分工合理				
三组	时间安排合理				
	内容详尽具体				
	环节新颖创意				
	人员分工合理				
四组	时间安排合理				
	内容详尽具体				
	环节新颖创意				
	人员分工合理				
优化方案					

任务评价

评价项目	具体要求	评价 ☺	评价 😐	评价 ☹	建议
会议设计	1. 熟悉会议的场地设计				
	2. 熟悉会议的服务环节设计				
学生自我评价	1. 准时并有所准备地参加团队工作				
	2. 乐于助人并主动帮助其他成员				
	3. 遵守团队的协议				
	4. 全力以赴参与工作并发挥了积极作用				
小组活动评价	1. 团队合作良好，都能礼貌待人				
	2. 工作中彼此信任，互相帮助				
	3. 对团队工作都有所贡献				
	4. 对团队的工作成果满意				
总计		个	个	个	总评

在会议设计的学习中，我的收获是：

在会议设计的学习中，我的不足是：

改进方法和措施有：

任务二 会议策划

工作情境

北京某五星级酒店销售部，接到老客户北京××技术有限公司的一个会议服务任务。应客户要求，酒店要参与会议的活动策划，并为会议提供优质服务，保证此次活动的顺利完成。

会议时间	2018年10月28日9:00—10月29日15:00	
会议地点	北京某五星酒店	
会议类型	座谈联欢	
会议内容	移动能量房推广	
参会人员及人数	1. 会议嘉宾、演讲人	8人
	2. 全国各地加盟商	50人
	3. 北京××技术有限公司员工	20人
主办单位	北京××技术有限公司	
会议策划	北京市××旅游职业学校	

具体工作任务

- 了解会议主题策划；
- 熟悉会议日程安排；
- 熟悉会务安排。

活动一 会议主题策划

一项产品的推广，营销会议起着至关重要的作用，会议的策划、周密的安排会对产品经营者产生重要的影响。酒店工作人员的会议策划与服务将助益主办方达到目的，有利于酒店与客户维护良好的合作关系。我们一起来为这次会议策划一个主题吧！

信息页 会议主题策划

会议主题的策划是给与会者一个参与会议的理由，必须对与会者有吸引力。因此，应主题鲜明，依据发展需要与企业文化理念，提炼主题，设计具有实际意义的活动内容。

一、客户介绍

需了解客户的情况，包括其发展历程、经营理念、产品特点等。

二、需求分析

明确公司的发展需求、方向定位等。

三、需解决的问题

策划的关键是，明确通过这次会议达到什么目的，这次会议在发展阶段中有何作用及意义。

四、会议主题(可以有副标题)

主题的策划一定要围绕会议中心思想,给大家一个参与活动的理由,须对参会者有吸引力。

五、主题说明

对主题策划的构思进行说明,使客户理解并认可。

任务单　会议主题策划

会议主题策划	
客户介绍	1. 北京××技术有限公司集科研、生产、销售于一体,以"科技创新、服务大众、追求卓越"为己任,致力于为客户提供领先科技的健康产品,为客户提供放心满意、安全健康的产品和服务,打造"天方夜谭"这个卓越品牌,为人类的健康提供高科技产品,让不可能的事情变成可能,实现美好的"天方夜谭"梦想 2. 公司追求科技领先,不断推出高科技产品。公司推出的多款移动电气石能量房,引进最新的液态电气石技术和最新的加热材料保证了产品的优秀性能,使移动式能量房的效果超过传统汗蒸房的效果,实现了在家做汗蒸的愿望。同时,公司对外承接能量房建造工程 3. 发展中的××致力于提高全民的健康素质,以发展自然的健康产品为己任,以不断的创新服务于高档宾馆、度假村、洗浴中心、SPA会所、疗养院、别墅等
需求分析	
需解决的问题	
会议主题	
主题说明	

同学们集思广益,分组对会议主题进行了策划,考虑很周全、到位,有创意。我们一起交流一下,体味彼此的创作灵感,并评选出最佳的会议主题策划。

会议主题策划评价表

组别	内容	评价 ☺	评价 😐	评价 ☹	问题与建议
一组	需求分析到位				
	解决问题准确				
	设计富有创意				
	说明表述清楚				
二组	需求分析到位				
	解决问题准确				
	设计富有创意				
	说明表述清楚				
三组	需求分析到位				
	解决问题准确				
	设计富有创意				
	说明表述清楚				
四组	需求分析到位				
	解决问题准确				
	设计富有创意				
	说明表述清楚				
推优方案					

活动二 会议日程安排

针对会议主题和会议内容，对会议日程进行详细安排，是达到会议效果的保证。详细合理的会议日程安排有助于与会者掌握会议的时间、内容等。

信息页 会议日程安排

一、时间安排

(1) 严格按照时间顺序安排会议进程。

(2) 对会议中各项活动的时间进行有效控制。

二、会议内容

(1) 将会议的内容进行有序安排，符合与会者的思维和心理接受过程。
(2) 根据会议策划的安排，保证会议的内容充实，以达到会议目的。

三、会议地点

(1) 说明会议的具体地点，特别是主会场、分会场等的楼层，以及会场名称。
(2) 包括与会者就餐地点、活动地点。

四、会议负责人

各阶段会议的负责人，对会议各阶段进行有效控制与管理。

五、参会人员

各阶段会议的参会人员，全体人员还是部分人员。

任务单　填写会议日程安排表

会议日程安排表

时间		内容	参会人员	会议地点
10月27日	白天	会议代表报到		
	晚上	会议工作预备会		
10月28日	上午			
	午休			
	下午			
	晚上			

(续表)

时间		内容	参会人员	会议地点
10月29日	上午			
	午休			
	下午			
10月30日		离会		

会议日程安排策划评价表

组别	内容	评价			问题与建议
		☺	😐	☹	
一组	时间安排合理				
	安排内容全面				
	设计符合逻辑				
	目的意义明确				
二组	时间安排合理				
	安排内容全面				
	设计符合逻辑				
	目的意义明确				
三组	时间安排合理				
	安排内容全面				
	设计符合逻辑				
	目的意义明确				
四组	时间安排合理				
	安排内容全面				
	设计符合逻辑				
	目的意义明确				
推优方案					

活动三 会务安排

我们应为会议做好各项工作的整体服务方案,并根据计划核查每一个细小的环节,安排好整个会议期间的时间规划和协调工作,以确保会议的成功举行。

信息页一 会务安排相关要求

一、会务策划

(1) 会场布置接待安排。

(2) 场地布置。

(3) 提供会务设备。一般性的设备有:主席台、演讲台、无线(有线)麦克、白板、纸、笔、屏幕、幻灯机、多媒体投影仪、背景板、指示牌、签到台等。高等级的会议还需要根据会议的要求提供专业舞台、音响扩音系统、同声传译系统、演出灯光系统、视听设备、电视墙等。

(4) 接待宴会、产品展示:根据要求预订场地,准备邀请函、宴会主题或产品介绍书,预先安排好菜单、酒水、普通席、贵宾席以及签到、引领等礼仪服务。

(5) 会后有关工作:整理会务资料,统计客户名单、地址,整理归档客户反馈意见,总结会议意见,安排客户返回等。

二、会务安排

(1) 会议各项工作的整体接待方案:可以提供机场与火车站接送、客房、会议室、欢迎欢送宴会、会议茶点、会议设备、旅游考查线路、各项用车、返程交通票务及歌舞表演等项目服务。

(2) 组织协调:安排整个会议期间的时间规划和协调工作,从签到、发放会议资料和会议礼品、分配房间、随机调整房间类型,到明确会议时间、准备会间茶点、准备产品展示,应有一套正常运行和应急更改的方案,确保会议的成功举行。

(3) 会议旅游的接待安排:根据会议的总体时间安排相关的旅游活动,可以是半日游、一日游,也可以是多日游,可以安排单人游,也可安排集体游等,以使整个会议的行程更加丰富多彩。

(4) 集体活动、娱乐活动:集体活动的策划,可安排客户联谊会、技能大赛等;代理商会议,可安排增加团队精神的活动,以及产品的演示活动等,让与会人员积极参与到事业中去。

(5) 秘书服务：协助整理琐碎的细节，包括打印、复印、邮件、传真、印刷、会议记录、会场摄影、录像、全体照、交通咨询等，以及礼仪小姐礼仪接待，会场拱门、升空气球、彩旗花篮等。

(6) 现场跟办：安排1~2名有丰富经验且熟知此次会议全部日程安排的工作人员，进行全方位的现场跟踪办公，发现问题及时解决。

(7) 会议纪念品：可以提供必要的信息，并协助采购具有地方特色的会议礼品、会议服装、胸卡、标牌等纪念品，以留下美好而难忘的纪念。

信息页二 会议策划的要求

一、会议目标和任务的策划要求

会议的目标是会议组织者的期望，而会议的任务则是在会议目标下所要完成的具体工作。目标清晰、任务明确，会议才能发挥应有的功能。其具体要求如下。

(1) 提出的目标和任务要切实。开会是为了解决问题、协调关系、推动工作，因此，会议的目标和任务一定要切合工作实际和人们的思想实际。

(2) 处理好目标层次之间的关系。会议的目标根据实际需要可以是一个，也可以是多个。具有多个目标的会议，一是处理好总目标与具体目标的关系，二是处理好主要目标和次要目标的关系。

二、会议议题的策划要求

1. 服从于会议目标和任务

会议的目标决定会议的议题，反过来，任何一个会议目标都必须通过会议的具体议题来体现。也就是说，会议的议题应当根据会议的目标和任务来确定，与会议目标和任务无关或者偏离会议目标的议题应当舍弃。

2. 高效

议题对会议的效率有直接的影响，为此要做到以下几点。

(1) 凡拟提交会议讨论的议题必须是必要的并且是需要立即讨论的，应避免让那些不必要的问题分散精力和占用时间。

(2) 一次会议的议题要适量，避免因议题过多导致会议时间冗长、会议效率下降。

(3) 分清议题的主次轻重，明确中心议题或主要议题，以保证与会者能够把主要精力集中于最重要和最需要认真思考的问题上。

(4) 准备一定要充分。在拟定议题的同时，还要提交相关的背景材料，有的还要形成两个以上的备选方案,以便讨论和决策时参考。

(5) 相关的议题综合归并讨论,避免或最大限度地减少重复讨论。

3. 准确

议题的表述要清楚准确,避免含混或产生歧义。议题的内容必须与会议的权限相符,不能超出会议的职权范围。

三、会议性质和参加对象的策划要求

1. 会议性质的策划要求

会议的性质要根据会议的目标、任务、议题来确定。会议性质的策划要求主要有以下几点。

(1) 会议的职权。会议的性质不同,其职权也不同。会议组织者一定要遵守会议的职权原则,正确处理会议议题与会议职权之间的关系,避免出现越权越位的情况。

(2) 会议的功能。不同性质的会议,其功能也各有侧重。有的会议侧重于决策,有的会议侧重于研讨,有的会议侧重于联络感情等。会议的组织者应当根据会议的目标,并在考察各种会议功能的基础上,确定会议的性质类型。

2. 确定参加会议的对象

会议的参加对象应当依据会议的目的、性质、议题以及议事规则来确定。确定会议对象应注意以下问题。

(1) 合法性,即会议对象的确定必须符合法律、法规、规章以及组织章程、议事规则的有关规定。

(2) 必要性,即明确哪些对象必须或应当参加会议。根据会议的议题和性质必须参加的单位和个人,不能遗漏。

(3) 明确性,即会议对象的职务或级别必须明确。有的会议是正职干部才能出席,有的会议需要分管领导人员参加;另外,对象的资格也必须明确。对象的身份不同,参加会议的提法也不一样,正式成员称为出席;列席成员称为列席;旁听成员称为旁听等。

(4) 代表性。与会者是否具有代表性,是会议能否真正发扬民主、集思广益的关键因素,因此,代表大会、调查会、听证会等,应充分考虑参加对象的代表性。

四、会议时间和地点的策划要求

1. 会议时间的策划要求

会议时间的策划涉及两个方面的问题:一是指什么时候召开会议最为合适;二是指会期的长短。策划会议时间应把握的原则有以下几点。

(1) 时机原则。会议的时间是一个准确把握会议召开时机的问题,具体包含3个方面:

第一，解决问题的时机必须成熟；第二，时机成熟的会议应当及时召开；第三，选择合适的会议期间。

(2) 需要原则。会期的长短要依据会议的实际需要来确定。

(3) 成本和效率原则。会议时间的长短与会议的成本和效率密切相关，一般来说，会议的时间越短，成本越低，效率越高。因此，适当、合理地压缩会议时间，是降低会议成本、提高会议效率的有效手段。

(4) 协调原则。会议活动往往是领导人的主要活动形式，安排会议，特别需要注意协调领导人的时间，以免相互冲突。

(5) 合法合规原则。由法律法规以及由组织章程或议事规则明确规定会期的，应当严格按规定的会期召开，非特殊情况下不得提前或推迟。

2. 会议地点的策划要求

会议地点的策划包括两方面的含义：一是选择合适的地方，二是选择合适的场馆。策划会议地点应综合考虑以下几方面因素。

(1) 会议的举行地是否具有足够的接待能力，如举行大型会议所需的场馆、周边道路交通设施等。

(2) 会场是否适中，过大或太小都会影响会议的气氛和效果。

(3) 保密会议的场馆是否符合保密的要求。

(4) 会议的场馆是否能够确保安全。

(5) 会场内的设备是否能够满足会议的实际需要。

(6) 会议举行地是否具备必需的通信设施以满足新闻采访和报道及时性的要求。

(7) 交通是否方便，与会者是否能顺利抵达。

(8) 环境是否适宜。会场的环境包括空气质量、气候影响、噪声大小等因素。应当尽量选择气候适宜、环境幽静的会场，以保证会议取得满意的效果。

(9) 规格是否适当。会场规格主要体现在会场的装潢水平、设施和服务功能上，直接影响会议经费的支出。要切实从会议本身的需要出发，提倡节约简朴，反对奢侈铺张。

五、会议名称和编组的策划要求

1. 会议名称的策划要求

会议名称是指会议活动的正式称谓，是会议活动基本特征的信息标识。凡举行会议都应当事先确定会议名称。策划会议名称一般采用揭示会议主要特征的方法，主要包括以下几方面内容。

(1) 揭示会议主题特征。

(2) 揭示会议主办者特征。

(3) 揭示会议功能特征。

(4) 揭示与会者身份特征。

(5) 揭示会议出席范围特征。

(6) 揭示会议时间和届次特征。

(7) 揭示会议地点特征。

(8) 揭示会议方式特征。

会议的名称所揭示特征的多寡，应当根据会议的实际情况来确定。会议目的、要求不同，会议名称所揭示的特征也各有侧重。

此外，正式场合、正式文件、会议记录应当用会议全称，以示庄重。会议简报、宣传报道可以使用简称，但必须是规范化、习惯性的简称。

2. 会议编组的策划要求

会议编组有利于提高会议活动的机动性，并使每位与会者都能获得发言的机会，以利于相互交流。常用的编组方法有以下几种。

(1) 按与会者所在单位编组。

(2) 按与会者所在行业或系统编组。

(3) 按与会者所在地区编组。

(4) 按议题编组。

(5) 按界别编组。

(6) 按法定规划编组。

(7) 混合编组。

编组还要注意以下几个问题。

(1) 组的数量和规模要适中。

(2) 会议的领导要参加各组的讨论，并尽可能分散到各组。

(3) 为了加强对各组的领导，应当指派组织和协调能力较强的人担任组长或召集人，并建立组长或召集人会议制度。

(4) 法定性代表大会的代表团团长应当根据有关规定，由代表民主选举产生。

(5) 会议的领导机构可向各小组或代表团派出联络员，以便及时沟通消息，掌握会议动态。联络员工作由会议秘书统一管理和协调。

信息页三　会议创新的几点建议

会议是一个重要的信息传播平台。无论是政府会议还是企业会议，大型盛会还是小型会议，其最终目的都是希望能够实现"会意"和"汇意"。

"会意",是举行会议的基本目的,即要与会人员明白组织者的意图,简单来说,就是要清楚会议主持者的意思。然而很多企业的各种会议,如管理会议、营销会议、招商会议等的与会者都喜欢将这些意思打个折扣,取个七八折,甚至不到五折就散会,多数原因是会议毫无新意。还有的组织者动不动就开会,让众多被迫与会者厌烦,在这种情况下,再多的金玉良言也容易被当作耳边风。"汇意",则是会议不可或缺的环节。

由于会议组织者希望更多的与会者真正"会意"到其意图,而大多数的与会者则希望会议主持者能够更大限度地"汇意"他们的意愿,在两股力量僵持不下的情况下,会议创新成为众人关注的焦点。

会议创新包括组织创新、内容创新、制度创新、形式创新等几个方面,同时应注意以下几方面的问题。

一、避免在组织创新中走入新误区

不少企业为了消除员工对常规例会的厌烦心理,不再单一地采用以往命令式的会议通知方式,也甚少采用公告的方式来通知会议的内容与时间,而是借用信息时代网络与通信的便捷,以电子邮件与手机短信等方式通知。由于会议的内容不再是曝光式的大众通知,有些话也可以变得富有人情味起来,甚至还可以专门针对某个人组织相应的通知短文。点对点式的会议通知能让普通的与会员工感受到公司的重视。此外,员工能够在通知的信件和短信中得知会议与自己的利益相关的重要信息,可以有针对性地准备会议上有可能的发言和讨论,可提高会议的效率和质量。

但企业在推行组织创新的时候往往会忽视组织纪律这个最原始的准则。由于员工习惯了个性化会议通知,便会逐渐形成一种对大众化公告通知置之不理的心态,认为与自己关系不大。所以组织者会发现公告等通知起的作用越来越小。另外,有些员工也会以没有收到短信和邮件为借口缺席相关会议,而组织者很难了解借口的真实性,毕竟在现实的网络与通信中确实会存在上述问题。

二、避免内容创新上变了样

为了让会议不再乏味,不再充斥着陈词滥调,应避免出现长篇大论的发言,同时应在演讲稿和发言稿上进行创新,讲究人情味,注重行文的抑扬顿挫,尽量杜绝官场的口吻与语句。

活跃气氛固然重要,但与会者的时间也同样是需要考量的因素之一。为了调节会场氛围而穿插些与会议完全不相关的内容则非明智之举,一方面容易让与会者不明就里,另一方面则容易降低会议的严肃性。

三、避免让形式创新成为主旋律

有人用"一天一小会,两天一中会,三天一大会"来形容中国企业会议的现状,为了摆脱这种窘境,企业开始大张旗鼓地实行精简,缩减了会议的次数,努力提高会议的质量。

"开出风格、开出水平、开出规格"成为会议组织者苦心追求的新目标。为此,会议的形式替代了举办会议的重要议题,越来越注重形式与排场。

更令人担忧的是,花在这些形式上的时间几乎等同于实质开会的时间,形式占据了主导的旋律。

四、避免制度创新陷入泥潭

制度是保障会议顺利举行的根本。企业的很多会议是不能省略的,有些会议是因为突发的情况或者公司经营环境出现了新的问题而紧急召开的。对于企业来说,这些会议极其重要,甚至对企业未来的发展起着决定性的作用。

其实,会议也是必要的企业行为,其重要性远远要比迟到与早退等大得多,而现今很多企业还未对出席会议建立一个比较科学、合理的考勤制度。但若奖罚作为唯一手段来施行,则容易使会议制度的执行陷入新的泥潭,甚至会让很多因各种原因迟到或缺席会议的员工产生强烈的抵抗心理。

重视并积极推行会议创新固然可喜可贺,表明了企业认识到内部会议中存在的种种问题,也表明了企业勇于改进的态度、决心,但倘若会议创新背离了提高会议质量这个根基,便只会让会议越开越变味。

任务单　会务策划

会务安排

项目	落实内容	筹备时间	完成时间	负责人

(续表)

项目	落实内容	筹备时间	完成时间	负责人

案例分析：能干的王秘书

××公司是一家知名企业，一直领导着打印及成像领域的技术和市场的发展，并在以往的市场竞争中取得了骄人的战果。这次公司准备召开一次科技成果汇报会，拟定出席人员约30人，会期3天。公司办公室将策划会议方案的任务交给了秘书小王。小王经过深思熟虑，拿出了一份完整具体、可操作的策划方案，办公室主任看后对小王大加赞赏。

根据案例回答以下问题：

1. 如果你是小王，会怎样策划这次会议呢？
2. 会议策划方案包括哪些内容？
3. 怎样拟写会议策划方案？

知识链接 会议评估

(一) 会议评估概述

1. 会议评估的概念

评估是收集与特定目标相关的信息及类型的活动。有时人们把评估与调查混同起来，但是两者是有很大差别的。它们在概念上的主要区别在于评估的目的是找出发生了什么，而调查则着重于查明为什么事情会发生。每一个会议都需要进行某种形式的评估。但是很少有会议需要进行调查。如果会议需要进行调查的话，最好把这项工作委托给外部的专业公司来完成。

2. 会议评估的意义

通过评估，可以发现会议实施与策划之间的关系，了解会议目标是否实现、核算会议的成本与效益情况、与会者满意情况以及不足之处等内容，可以为以后提高会议效果找到相关依据。总的来说，就是评估会议进行得如何，以及与会者从会议中得到了什么收获。如果会议是以培训为目的，就应该设定某种行为指标。不过，这并不意味着一定不需要评估，相反，对这些会议进行评估可能比对有特定行为指标的会议进行评估更为困难。

3. 会议评估的实施者

经常主办会议的组织常常在自身内部由专人或专门的部门来负责会议评估的工作。公司领导可以把这项工作交给本公司的人力资源部门负责。主办者也可以把会议评估工作外包给专业公司，不过这样做成本比较高。为了有效地完成评估，外部专业公司可能需要从策划阶段开始参与会议的整个过程。会议评估也需要在会议过程中做一些现场工作。

4. 会议结束后进行后继工作的意义

进行后继工作的原因有许多，其中一个原因与会议评估有关。同时，进行后继工作的方法也很多，运用评估结果即是进行后继工作的一个方法。例如，关于会议地点的评估结果将对策划另一个主题和日程完全不同的会议很有用。有效的后继工作可以对与会者产生激激，因为虽然正式的会议在特定的时间已经结束，但仍旧可以激励与会者在此后参与一些与该会议有关的活动。

虽然评估和后继工作要在会议结束后才能进行，但是相关的策划却要与会议的策划一同开始。

(二) 会议评估的内容

要对会议的所有因素都进行评估将耗费大量资源，而且结果也往往得不偿失。会议承办者应该根据具体的会议决定最后的评估内容。

总体来说，对于会议任何部分进行评估时都要关注哪些进展顺利，哪些进展不顺，哪些应该在将来的会议中进一步改善，以及带来了哪些新的想法。

(三) 会议评估的常用方法

1. 定量和定性评估

定量评估将各种数据进行运算和统计分析，从而建立各种方式，用以进行比较或深层分析。毫无疑问，任何评估都要包括定量操作的部分，而计算机的使用更促进了人们使用定量方法。

最近，人们对定性方法给予了更多的重视——这也被称为"软"数据——出现了更多收集和处理数据的新方法，但是要进行定性评估依旧比较困难。

两种方法各有其优势和局限，在进行会议评估策划的时候应充分考虑到。

2. 问卷调查评估

问卷，就是根据研究课题的需要而编织成的一套问题表格，由调查对象自填回答的一种收集资料的工具，同时又可以作为测量个人行为和态度倾向的测量手段。设计问卷需要一定的技巧，而不是简单地提几个问题。问卷是最常见的评估方法。问卷在使用之前必须经过测试，以保证上面的问题都清楚了，而且回答者可以很容易地作答。

问卷的类型主要有以下3种：

（1）开放式调查问卷。即对问题的回答不提供任何具体的答案，而由被调查者自由回答的调查问卷。其优点是可以使调查得到比较符合被调查者实际的答案，缺点是有时意见比较分散，难以综合。

（2）封闭式调查问卷。即答案已经确定，由被调查者从中选择答案的调查问卷。其优点是便于综合，缺点是不能了解被调查者深层次的想法。

（3）半开放式调查问卷。即给出主要部分答案，而将未给出的答案用其他一栏表示，或留空格，由访问员或被调查者自行填写。

3. 资料的收集与处理

收集数据的方式必须与数据处理或分析的方式相适应。计算机可以出色地对问卷中的定量数据进行处理，但是在处理开放式问卷时就不是很有用了。不过，如果各类数据收集得都很多，还是应该考虑使用计算机。

小型会议可以用问卷或采访的方式从所有的回答者那里收集数据，但是对于大型会议来说，要采访所有与会者就不大可能了，所以，在这种情况下，应该运用一些取样技巧。大型会议可以用问卷来收集数据，但是在分析结果中应该显示出回收的问卷与全体评估人群之间的比例。

在会议期间采用适当的方法鼓励与会者对会议作出评估。各场会议的介绍者或会场管理者可以经常提醒与会者填写评估表格，这应该在各场会议结束时进行，并给与会者留出几分钟时间当场填写表格，然后再离开会场。

收集评估表格的过程应该尽量简单。在小型会议中，可以安排一名或几名会场管理者或志愿者等候在会场的各个出口，当与会者退场时收集评估表格。另一个方法是在会场或大厅中设立回收箱，但是这样做能够收回的问卷不如前一种方法多。

有时也可以向与会者提供一些激励，鼓励他们填写并交还评估表格。例如，与会者可以在交还表格的时候得到抽奖彩票，会议结束的时候举行抽奖。在使用这类激励的时候应该谨慎，因为可能有一些与会者填写多份评估表格，或者只对某一类型的与会者具有激励作用，最后使评估结果受到扭曲。

4. 资料的分析

评估数据的分析是一项极其重要的工作,而不是简单地将数据相加,然后写个报告完事。会议承办者或其他负责人必须阅读并解释所有的数据,从中了解到人们对会议、市场宣传以及其他各个方面的看法。

承办者可能并不是进行数据分析的最佳人选,因为他本身也是评估的对象之一。这样说并不是出于不信任,但是任何被评估的人在作出判断时都难免受到影响,承办者也不例外。不过,会议评估从来都没有严格到一定不能让承办者进行数据分析的地步。

(四) 会议评估报告

非正式的分析甚至不需要被总结成书面报告,不过有一份书面记录通常还是有好处的,至少承办者应该写出一份基本的评估数据陈述。如果评估使用定量的方法,可以用表格或图表来反映结果。

定性数据可以用描述性的报告来表现。一些阅读报告的人只对大致的结论感兴趣,而另一些人则希望得到相关的细节,所以在设计报告结构的时候要考虑到两类受众的需求。可以在报告的开始总结性地提出评估结论,然后再详细展开说明。

收集和记录人们对未来会议的好的建议。在进行会议策划的时候,承办者和策划委员会常常有一些好主意,但是由于不适合当前的会议而被否决了。应该建立一个系统来记录这些想法,以便在以后举办会议时参考。

在会议进行过程中,作用显著的想法应该引起人们的格外重视,同时,与会者和其他人提供的评估信息中也可能有一些很好的想法,应记录下来为以后的会议提供参考。

会务安排评价表

组别	内容	评价			
		☺	😐	☹	问题与建议
一组	时间安排合理				
	安排全面周到				
	落实内容到位				
	设计富有特色				
二组	时间安排合理				
	安排全面周到				
	落实内容到位				
	设计富有特色				
三组	时间安排合理				
	安排全面周到				
	落实内容到位				
	设计富有特色				

(续表)

组别	内容	评价			问题与建议
		☺	😐	☹	
四组	时间安排合理				
	安排全面周到				
	落实内容到位				
	设计富有特色				
推优方案					

案例分享　冬天，让我们感动上帝——××摩托2018年下半年营销工作会议

7月28日是××公司的厂庆日，每年的这一天公司都会开展一系列的活动。2017年7月28日，××公司隆重推出了××等离子摩托车，在摩托车市场上刮起了一股××等离子旋风，引起了摩托车行业不小的震动。一年来，××等离子摩托虽然在市场上产生了一定的影响，但销量却不甚理想。特别是2018年1—3月，等离子摩托的销量持续下降，到3月份降到最低的909辆。虽然4月份以后，公司采取了一些奖励政策，加之常规车型停产，等离子摩托的销量开始逐月回升，但仍未恢复到去年的最好水平，更无法达到支撑公司销量的水平。除了行业的大环境外，经销环节推广等离子摩托的积极性不高是重要原因。加之今年公司广宣政策的调整，上半年公司没有组织全国性的等离子摩托推广活动，而各片区开展的活动参差不齐，也是原因之一。当然，产品线的问题、产品质量的问题也影响了等离子摩托销量的提升。为此，公司决定在下半年打出一系列组合拳，助推等离子摩托销量的提升。在产品上，将进一步扩大等离子摩托的产品线，并开展等离子摩托的全面质量整顿，使等离子摩托的质量得到全面提升，产生一个质的飞跃；在政策上，将针对代理商和零售商出台一系列奖励政策；在推广上，将组织开展1~2次全国性的等离子摩托的促销活动以及持续开展区域性的促销活动。并决定，在2018年7月28日拉开活动的序幕，打响攻坚战的第一枪。

一、活动目的

（1）通过分析行业形势，总结上半年的营销工作，找出工作得失，统一思想认识，明确下半年的工作方向。

（2）通过展示和推介××等离子摩托新车型以及进行全面质量整改的等离子摩托车型，使代理商对××等离子摩托车的产品线和产品品质有一个新的认识，增强代理商销售等离子摩托车的信心和决心。

（3）通过宣布下半年等离子摩托车的相关政策和宣贯下半年等离子摩托的推广方案，提

高代理商推广等离子摩托车的积极性,并了解和掌握推广等离子摩托车的方法和手段。

二、会议主题

冬天,让我们感动上帝

——××摩托2018年下半年营销工作会议

三、会议时间

2018年7月27日—7月29日

四、会议地点

××大酒店

五、参加人员

(1) 代理商总经理或操盘手:55人(含××代理商10人)。

(2) 代理商财务主管:20人。

(3) 公司高层领导:15人。

(4) 销售公司:20人(含事务所总经理)。

(5) 工作人员:10人。

(6) 合计:120人。

六、会议内容

1. 经销商会议

(1) 董事长分析行业形势,提出××公司下半年工作思路,并介绍销售公司新的领导班子(销售公司新的领导班子亮相)。

(2) 销售公司总经理作下半年营销工作规划,并宣布下半年销售政策(各种奖励政策)。

(3) 余×助理总结2018年上半年营销工作及下半年营销推广大纲(含广宣政策);会议策划方案范本。

(4) 缪××宣贯2018年××摩托上市营销方案。

(5) 温××宣贯2018年下半年等离子推广策划方案。

(6) 奚×宣贯2018年下半年售后服务活动方案(含售后服务政策)。

(7) 分组讨论。

2. 等离子摩托车销售表彰及等离子产品订货会

(1) 销售公司总经理宣布2017年8月—2018年7月等离子摩托车销售先进的表彰决定。

(2) 董事长给先进颁奖。

(3) 张×总工程师介绍等离子摩托车新车型,通报等离子摩托车全面质量整改的情况。

(4) 余×助理宣布现场订购等离子摩托车的奖励办法和年终奖励政策。

(5) 代理商现场订购等离子摩托车。

(6) 销售公司总经理公布代理商获奖结果。

3. 参观××公司产品展厅

4. 联欢晚会

七、日程及议程(如表3-2-1所示)

表3-2-1　日程及议程表

日期	内容	时间	议程	负责人	地点
7月27日全天	报到	全天	分发房间及会议议程	杨×	××大酒店大厅
		18:30—20:00	欢迎晚宴	杨×	二楼餐厅
7月28日上午	下半年营销工作会议	07:30—08:30	早餐	杨×	二楼餐厅
		09:00—09:05	主持人串词，齐唱《××之歌》	主持人	三楼庐山厅
		09:05—10:35	董事长致辞	董事长	三楼庐山厅
		10:35—10:45	休息		三楼庐山厅
		10:45—11:30	上半年营销工作总结及下半年营销工作规划(包括下半年营销推广大纲和各种政策)	余×	三楼庐山厅
		11:30—12:00	一车一票财务知识培训	赵××	三楼庐山厅
		12:00—14:00	午餐(自助餐)及午休	杨×	三楼庐山厅
7月28日下午	等离子产品订购	14:00—14:40	宣贯2018年××摩托车上市营销方案	缪××	三楼庐山厅
		14:40—15:20	介绍等离子摩托新车型，通报等离子摩托质量整改情况	张×	三楼庐山厅
		15:20—16:00	宣贯2018年下半年等离子推广策划方案	温××	三楼庐山厅
		16:00—16:15	休息		三楼庐山厅
		16:15—16:20	宣布现场订购等离子摩托车的规则	余×	三楼庐山厅
		16:20—16:35	代理商现场订购等离子摩托车	代理商	三楼庐山厅
		16:35—16:40	公布订购优胜的代理商	主持人	三楼庐山厅
		16:40—16:45	给订购优胜代理商颁奖	董事长	三楼庐山厅
		16:45—17:00	董事长与订购前5名优胜代理商签协议	董事长	三楼庐山厅
		17:00—18:00	董事长总结发言	董事长	三楼庐山厅
		18:30—21:00	2018年××等离子摩托周年庆典暨颁奖晚会	杨×	一楼多功能会议厅
7月29日	代理商面谈及签协议	全天		董事长	公司
7月30日	退房、返程	全天		杨×	公司

八、等离子销售先进表彰奖项设置及奖励金额

对2017年8月—2018年7月等离子摩托销售的先进进行表彰奖励，奖项设置及奖励金额为：

(1) ××等离子摩托车销售先进奖：3名(第一名奖励8万元，第二名奖励6万元，第三名奖励5万元，奖品为××摩托)。

(2) ××等离子摩托车推广先进奖：1名(奖励5万元，奖品为××摩托)。

(3) ××等离子摩托车网络建设先进奖：1名(奖励5万元，奖品为××摩托)。

(4) ××等离子摩托车销售比率先进奖：1名(奖励5万元，奖品为××摩托)。

共奖励6名，奖励金额约34万元。

九、现场订购优胜奖项设置及奖励金额

对现场订购量最大的前5名优胜代理商当场进行奖励，奖项设置及奖励金额为：

第一名：奖励现金4 888元。

第二名：奖励现金3 888元。

第三名：奖励现金2 888元。

第四名：奖励现金1 888元。

第五名：奖励现金888元。

共计：14 440元。

十、会场布置

1. 签到台(1个)

布置在酒店门口。

2. 指示牌(3个)

由酒店提供，其中1个放于酒店门口，1个放于会议室门口，1个放于餐厅门口。

3. 会议室桌椅摆放

大会：采取教室式摆放，准备投影仪和屏幕，座式麦克风2个。

讨论：采取圆桌式，准备无线麦克风2个。

4. 会议室背景喷绘

冬天，让我们感动上帝

——××摩托2018年下半年营销工作会议

5. 会议室宣传横幅

左：

右：

6. 宣传展板(若干)

布置在大厅和会议室。

十一、组织及分工

1. 领导小组

组　长：余×，负责本次会议的全面领导和总指挥，协调和监督各工作组的工作。

副组长：张×，负责新车准备、试装、检测，具体分管产品技术组。

副组长：郑××，负责活动策划、会场布置及会务工作。

成　员：缪××、奚××、温××、范×、杨×、事务所总经理。

2. 分组及工作职责

(1) 策划布置组

组长：郑××。

成员：温××、陈××、欧××、蒋××。

工作任务如下：

① 负责完成活动策划方案的拟写。

② 负责协助和监督广告公司完成会议现场的布置及会议结束后的现场撤除工作(包括等离子摩托车形象店的布置)。

③ 负责晚会表演节目的准备和现场表演的安排及费用申请和发放。

④ 负责奖牌的设计制作。

⑤ 负责代理商礼品制作。

⑥ 负责等离子推广手册设计印刷。

⑦ 负责活动全程摄像、摄影和合影。

(2) 产品技术组

组长：张×。

成员：周×、姚××。

工作任务如下：

① 负责将等离子新车型及××摩托车配件准备齐全。

② 负责等离子新车型及××摩托车的生产及全面的检查、调试，确保无误。

③ 负责将等离子新车型及××摩托车运送到会议现场并摆放到位。

④ 负责车辆现场的擦拭和清洁。

⑤ 负责会议期间参展产品的管理。

⑥ 展会结束后，负责将参展产品运回公司。

(3) 会务组

组长：奚××。

成员：杨×、姚××、赵××、范×、王××、事务所总经理。

工作任务如下：

① 负责各种物资的采购和准备。

② 负责代理商邀请函(回执)的准备、寄发。

③ 负责酒店联系及参会人员的住宿、饮食安排。

④ 负责会议室安排。

⑤ 负责代理商的接待和陪同。

⑥ 负责参会人员接送。

⑦ 负责各种资料的准备、装袋和发放。

⑧ 负责对各工作组工作的协调、检查和考核。

十二、筹备工作计划(如表3-2-2所示)

表3-2-2　筹备工作计划表

序号	工作内容	完成时间	负责部门	责任人
1	代理商邀请函(回执)寄发完成	7月20日	会务组	奚×
2	2018年下半年等离子推广策划方案制作幻灯片	7月24日前	策划布置组	温××
3	上半年营销工作总结及下半年营销工作规划制作幻灯片	7月24日前	会务组	余×
4	2018年××摩托上市营销方案制作幻灯片	7月24日前	会务组	缪××
5	"××"推广方案(含售后服务政策)制作幻灯片和册子	7月24日前	会务组	奚×
6	会议议程最后确定并打印	7月25日前	会务组	奚×
7	所有幻灯片格式统一与确定	7月25日前	会务组	奚×
8	资料打印装袋完成	7月26日前	会务组	奚×
9	物资采购到位(酒水、水果、签到资料及其他)	7月26日	会务组	奚×
10	酒店联系落实	7月15日	会务组	奚×
11	等离子摩托车新车型和等离子摩托车全面质量整改后的产品前期准备	7月24日	产品技术组	张×
12	等离子摩托车新车型和××两款车型生产、调试完成	7月25日前	产品技术组	姚××
13	参展摩托车、两台等离子发动机及展台运送到酒店，并擦拭干净摆放到位	7月27日下午6:00前	产品技术组	姚××
14	等离子摩托车推广手册设计制作完成	7月26日	策划布置组	郑××
15	展板设计制作完成	7月26日	策划布置组	郑××
16	表演队伍落实	7月20日前	策划布置组	郑××
17	合影摄像单位落实	7月24日前	策划布置组	郑××

(续表)

序号	工作内容	完成时间	负责部门	责任人
18	礼品制作到位	7月26日前	策划布置组	郑××
19	奖牌制作到位	7月27日前	策划布置组	郑××
20	酒店外围布置	7月26日晚上	策划布置组	郑××
21	会议室布置(包括等离子摩托车形象店样板的布置)	7月27日全天	策划布置组	郑××
22	晚会会场布置	7月28日下午	策划布置组	郑××
23	晚会节目彩排	7月28日下午	策划布置组	郑××
24	接站牌和车牌制作完成	7月26日前	策划布置组	郑××
25	会议用车的检查、准备	7月26日前	会务组	赵×
26	代理商接站(到站时间编排、车辆安排、机场人员安排)	7月27日全天	会务组	奚×
27	代理商返程机票预订	7月29日全天	会务组	奚×
28	参展摩托车运回公司	7月29日上午12:00前	产品技术组	姚××

十三、费用预算

(1) 房费：49 500元(330元/间×50间×3天=49 500元)。

(2) 餐费：72 000元(1 200元/桌×12桌×5餐=72 000元)。

(3) 酒水等：15 000元。

(4) 会议室：8 000元(租赁费含音响、话筒)。

(5) 布置费：15 000元(包括等离子摩托车形象店样板的搭建)。

(6) 晚会费用：5 000元。

(7) 代理商礼品及奖牌：14 600元。

(8) 现场订购奖金：14 440元。

(9) 不可预计费用：6 460元。

费用总计：200 000元。

十四、注意事项

(1) 各组工作人员必须严格按筹备工作计划的进度要求推进工作。

(2) 市场督查负责督促各工作组的工作按时完成。

(3) 会议期间公司人员必须统一着装，佩戴工作牌。

(4) 会议期间公司人员必须提前到达现场，不得迟到、早退和无故缺席。

编制：郑×× 审核： 批准：

任务评价

评价项目	具体要求	评价			建议
		😊	😐	☹️	
会议策划	1. 了解会议主题策划				
	2. 熟悉会议日程安排				
	3. 熟悉会务安排				
学生自我评价	1. 准时并有所准备地参加团队工作				
	2. 乐于助人并主动帮助其他成员				
	3. 遵守团队的协议				
	4. 全力以赴参与工作并发挥了积极作用				
小组活动评价	1. 团队合作良好,都能礼貌待人				
	2. 工作中彼此信任,互相帮助				
	3. 对团队工作都有所贡献				
	4. 对团队的工作成果满意				
总计		个	个	个	总评

在会议策划的学习中,我的收获是:

在会议策划的学习中,我的不足是:

改进方法和措施有:

参考文献

[1] 谢浩萍. 会议服务[M]. 上海：上海人民出版社，2008.

[2] 张杨莉. 会议服务[M]. 北京：中国人民大学出版社，2007.

[3] 栾建国. 会议酒店服务与管理[M]. 沈阳：辽宁科学技术出版社，2009.

[4] 梁春燕，李琳. 会议组织与服务[M]. 北京：北京大学出版社，2010.

[5] 葛红岩，施剑南. 会议组织与服务[M]. 上海：上海财经大学出版社，2011.

[6] 陆永庆，阮益中. 现代会务服务[M]. 上海：上海交通大学出版社，2005.

《中等职业学校酒店服务与管理类规划教材》

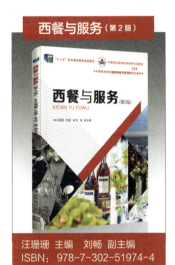

西餐与服务（第2版）
汪珊珊 主编　刘畅 副主编
ISBN：978-7-302-51974-4

中华茶艺（第2版）
郑春英 主编
ISBN：978-7-302-51730-6

会议服务（第2版）
高永荣 主编
ISBN：978-7-302-51973-7

咖啡服务（第2版）
荣晓坤 主编　林静 李亚男 副主编
ISBN：978-7-302-51972-0

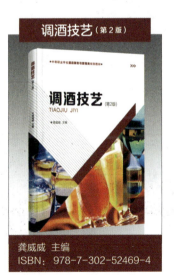

调酒技艺（第2版）
龚威威 主编
ISBN：978-7-302-52469-4

酒店服务礼仪（第2版）

王冬琨 主编　郝璨 张玮 副主编
ISBN：978-7-302-53219-4

中餐服务（第2版）

王利荣 主编　刘秋月 汪珊珊 副主编
ISBN：978-7-302-53376-4

前厅服务与管理（第2版）

姚蕾 主编
ISBN：978-7-302-52930-9

客房服务（第2版）

赵历 主编
ISBN：978-7-302-54147-9

葡萄酒侍服

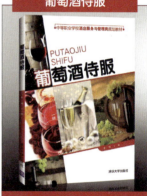

姜楠 主编
ISBN：978-7-302-26055-4

酒店花卉技艺

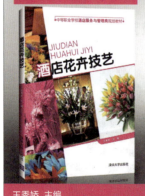

王秀娇 主编
ISBN：978-7-302-26345-6

雪茄服务

荣晓坤 汪珊珊 主编
ISBN：978-7-302-26958-8

康乐与服务

徐少阳 主编　李宜 副主编
ISBN：978-7-302-25731-8